LA MENTIRA MÁS GRANDE EN LA HISTORIA DEL CRISTIANISMO

MATTHEW KELLY

Traducido por Mora & Iglesias, LLC

WELLSPRING

North Palm Beach, Florida

LA MENTIRA MÁS GRANDE EN LA HISTORIA DEL CRISTIANISMO

Copyright © 2018 Kakadu, LLC
Publicado por Wellspring

Traducido por Mora & Iglesias, LLC

Diseño por Ashley Wirfel

ISBN: 978-1-63582-060-7 (cubierta de papel)

Número de control de la Biblioteca del Congreso: 2018949166

Primera Edición

10   9   8   7   6   5   4   3   2   1

Impreso en los Estados Unidos de América

CONTENIDO

LA VIDA ES UN ROMPECABEZAS

Había una vez un empresario muy exitoso. Su compañía había servido lealmente a millones de clientes por muchos años. No obstante, recientemente, el negocio había empezado a decaer, y sus competidores estaban a la espera de que fracasara. Por meses el hombre sopesó la crisis, pero los problemas eran sumamente complejos y sin solución aparente.

Todos especulaban sobre lo que iba a suceder con esta gran compañía, así que finalmente el empresario anunció que iba a ofrecer una cena para todos los empleados en donde revelaría el plan que la salvaría y le devolvería su gloria. Quería transmitirles lo importante que era cada uno de ellos para el futuro éxito de la organización.

En la mañana del día de la cena, estaba sentado en el estudio de su casa trabajando en su discurso, cuando su esposa entró y le preguntó si podía cuidar al pequeño por unas horas mientras ella hacía unas diligencias. Estaba a punto de decirle: —Bueno, en realidad necesito enfocarme en terminar mi discurso —pero titubeó y en lo que se dio cuenta, había dicho que sí a regañadientes.

No habían pasado diez minutos después de que su esposa había salido cuando alguien tocó a la puerta de su estudio y allí estaba su hijo de siete años. —¡Papá, estoy aburrido! —exclamó. El padre pasó las siguientes dos horas intentando entretener a su hijo mientras hacía esfuerzos por terminar su discurso. Finalmente, cayó en la cuenta de que si no encontraba alguna forma de distraerlo nunca iba a lograr terminar su discurso a tiempo.

Tomando una revista, comenzó a hojearla hasta que se topó con un gran mapamundi de colores vivos. Partió la foto en docenas de pedazos y condujo a su hijo a la sala. Esparció los pedazos por el piso y le dijo: —Hijo, si puedes armar el mapamundi te daré veinte dólares.

El niño inmediatamente comenzó a reunir los pedazos. Estaba ansioso por ganarse ese dinero, pues justo necesitaba veinte dólares para comprar el juguete para el cual había estado ahorrando desde su último cumpleaños. El padre regresó a su estudio pensando que se había comprado un par de horas para terminar su discurso, ya que sabía que su hijo no tenía ni idea de cómo se veía el mapa del mundo.

Sin embargo, cinco minutos más tarde, cuando apenas estaba retomando su discurso, volvieron a llamar a la puerta del estudio. Ahí estaba su pequeño hijo con el mapamundi perfectamente formado. Totalmente sorprendido, el padre le dijo: —¿Cómo lo terminaste tan rápido?

El niño sonrió y dijo: —Ya sabes, papi. No tenía idea de cómo se ve el mapa del mundo, pero mientras recogía las piezas, noté que en la parte de atrás había una foto de un hombre —el padre sonrió, y el niño continuó—. Entonces, puse una hoja de papel por debajo y armé la foto del hombre, porque sí sabía cómo se veía el hombre. Luego puse otra hoja de papel por encima y sosteniéndolas firmemente les di vuelta —sonrió de nuevo y exclamó—:

Me imaginé que si el hombre me quedaba bien, el mundo estaría bien también.

El hombre le dio a su hijo los veinte dólares. —Y me has dado el discurso para esta noche —agregó—. Si el hombre está bien, el mundo también lo estará.

***

La transformación de cada ser humano, uno a uno, está en el corazón del plan de Dios para el mundo. Asimismo, es esencial para construir matrimonios dinámicos, familias que manifiesten el amor, comunidades cristianas que vibren, negocios y economías prósperos, y escuelas y naciones extraordinarias. Si el hombre está bien (o la mujer, por supuesto), el mundo también lo estará.

Cada vez que te conviertes en una mejor versión de ti mismo, las consecuencias de tu transformación hacen eco en tu familia, en tus amigos, en el trabajo, en la escuela, en tu barrio, en tu parroquia, en tu matrimonio, en tu nación y más allá; en personas y lugares a futuro. Es Dios el que transforma, pero solo en la medida en que nosotros cooperemos. La gracia de Dios es constante, nunca cesa. Por tanto, es vital que estemos dispuestos a cooperar con Dios en su deseo de transformarnos. Esa es la variable de la ecuación. ¿Estás dispuesto a dejarte transformar por Dios?

Si el hombre o la mujer están bien, el mundo estará bien. Este mensaje es tan simple, y, sin embargo, parecemos estar constantemente obsesionados con cosas de las que no tenemos ningún control, en lugar de enfocarnos en aquello con lo que podemos lograr un mayor impacto, que son nuestros pensamientos, palabras y acciones. Son nuestros propios pensamientos, palabras y acciones los que están en el epicentro de nuestro círculo de influencia. Entre más nos alejemos de ellas, preocupándonos por lo que otros puedan pensar, decir o hacer, más débil se vuelve nuestra influencia y el impacto que podemos ejercer. Enfócate en modificar lo que puedes modificar y así lograrás el mayor impacto. Todo empieza por ti.

2

EL PROYECTO DE TU FELICIDAD

¿Has notado alguna vez que toda la gente quiere ser feliz? ¡Todos! ¿Es esta acaso una coincidencia? Probablemente no. Al menos no lo creo así. Creo que hay una razón por la cual todos tenemos este anhelo tan increíblemente fuerte de felicidad. ¿Cuál es la razón? Nosotros, los seres humanos, hemos sido creados para la felicidad y más.

De alguna forma, la vida es un proyecto de felicidad y está lleno de paradojas. Por ejemplo, pareciera que todo gira en torno a ti, pero de hecho gira más en torno a lo que puedes hacer por otros. Resulta que darles felicidad a otros incrementa tus posibilidades de ser feliz, mientras que el buscar exclusivamente tu propia felicidad disminuye esas posibilidades.

De vez en cuando todos cometemos estupideces, y generalmente sabemos que nos traerán un cierto grado de miseria antes de que las hagamos. Puede que nos traigan cierto placer momentáneo o una descarga de adrenalina; sin embargo, estas cosas pasan rápidamente dejándonos aun más sedientos de verdadera felicidad. Luego probamos algo distinto, esperando que eso nos haga felices.

Entonces permíteme preguntarte: ¿cómo va el proyecto de tu felicidad? Analiza tu progreso. ¿Qué está funcionando? ¿Y qué no? ¿Qué lecciones de sabiduría has adquirido en tu propia búsqueda de felicidad que puedas compartir con los demás? Y lo más importante, ¿sientes que finalmente has desenterrado el secreto de la felicidad?

Lo que sucede es que nuestro profundo anhelo no es por placeres momentáneos; es por una felicidad duradera en un mundo cambiante. El mundo está cambiando siempre, y nosotros no tenemos el control de cada situación. La felicidad circunstancial es algo fácil. No es de sorprenderse que nos sintamos felices al pasar el día entero en una playa exótica durante una semana de vacaciones en el trópico; sin embargo, esta sensación de felicidad depende en gran medida de esa situación. Lo que realmente anhelamos es una felicidad que no dependa de las circunstancias.

Pablo el apóstol la tenía. En las cartas que escribió estando en prisión, se refería constantemente al gozo y, de hecho, ese era el tema más común de sus escritos en medio de la inmundicia y la miseria que caracterizaban su celda de prisión en el primer siglo cristiano. ¿Podrías tú ser feliz en esa situación? Creo que yo no, si soy totalmente honesto. Probablemente muy pronto me deprimiría y me sentiría totalmente miserable. Entonces voy justo a tu lado en ese camino y, al igual que tú, tengo que trabajar mucho a nivel personal. También estoy en medio de mi propio proyecto de felicidad, y así como en tu caso, enfrento altibajos. Entre los autores hay un dicho que dice algo así: «Escribimos los libros que necesitamos leer». Entonces quizás estoy escribiendo este libro para ti, o tal vez es el mensaje que más necesito escuchar en este momento.

A través de mi propia búsqueda de felicidad he aprendido algunas cosas:

- La felicidad y el placer no son lo mismo.
- El conseguir lo que quiero no me hace feliz.
- El enfocarme en mí mismo casi nunca conduce a la felicidad.
- Nunca soy feliz cuando pretendo ser alguien que no soy.
- Mucha de la felicidad que experimento depende de circunstancias y situaciones insostenibles.
- Entre más ayudo a otros en su propia búsqueda de felicidad, más feliz parezco ser.
- El mentir nunca me hace feliz.
- La felicidad siempre se encuentra al vivir plenamente el momento presente.
- Es imposible sentir gratitud y ser infeliz al mismo tiempo.
- Cualquier cosa que me ayude a llegar a ser una mejor versión de mí mismo me hace feliz, aunque sea difícil y dolorosa.
- La felicidad es contagiosa.

Sin duda tú has descubierto tus propias verdades acerca de la felicidad que podrían ser añadidas a esta lista. Pero hay una pregunta que quisiera hacerte ahora que empezamos a recorrer juntos este trayecto: ¿crees que sea posible ser más feliz de lo que hayas sido alguna vez en tu vida? Piensa en eso. No sigas leyendo, haz una pausa por un momento y reflexiona. ¿Crees que sea posible ser más feliz de lo que alguna vez hayas sido?

Creo que lo es y en este breve libro te mostraré cómo. Por tanto, mantente abierto a esta posibilidad.

La felicidad real es un signo de crecimiento del espíritu humano. Este es el crecimiento que anhelo y del que sospecho que tienes hambre. Queremos vivir una vida más plena; estamos impacientes por vivir la vida al máximo. Entonces dondequiera que te encuentres en tu proyecto de felicidad, aun si es un total desastre, todo lo que te pido en este momento es que te abras a la posibilidad de que Dios quiere que experimentes una felicidad más grande de la que nunca antes hayas experimentado en tu vida. Mantente abierto, disponible. ¡Juntos estamos a punto de descubrir algo maravilloso!

3

LAS MENTIRAS Y LAS FALSAS PROMESAS DE ESTE MUNDO

La cultura moderna constantemente nos alimenta de mentiras y falsas promesas.

Permíteme que te comparta algo de mí: no me gusta que me mientan, pero no considero que esto sea algo particular o especial. ¿Te gusta que te mientan? No creo que este sea el caso. Tampoco me gusta que se mienta acerca de mí. Una de las cosas más duras con las que hay que lidiar una vez que le das la cara al mundo como figura pública es que la gente, sin pensarlo dos veces, comenzará a difundir mentiras sobre ti, de forma totalmente imprudente y descarada. Sospecho que a ti tampoco te gustaría ser objeto de mentiras.

Ahora, puede que te importe menos que a mí y puede que a alguien más incluso le importe menos de lo que a ti te importa, pero a nadie le gusta. No conozco ni a una sola persona que le guste que le mientan. Tampoco conozco a nadie que le guste que difundan mentiras acerca de su propia persona. De hecho, una persona que desea que le mientan se consideraría que padece de una enfermedad mental.

Una de las mentiras más prominentes de nuestra cultura es que no hay verdades universales. El secularismo moderno se basa en la mentira de que no hay nada que sea cierto para todos. No obstante, con un ejemplo relativamente simple —a nadie le gusta que le mientan— parece que hemos desenmascarado esta mentira.

Las promesas de felicidad que el mundo ofrece son falsas promesas, y una falsa promesa constituye una mentira. La filosofía de nuestra cultura secular sobre la vida y la felicidad puede ser resumida concisamente de la siguiente forma: el sentido de la vida es conseguir lo que se quiere y entre más consigas aquello que quieres, más feliz serás.

Sabemos que es una falsa promesa. Sabemos que es mentira. Aun así, caemos en ella una y otra vez. ¿Cuántas veces nos convencemos a nosotros mismos, consciente o inconscientemente, de que si conseguimos tener el automóvil, el vestido, la cartera, el reloj, el chico, la chica, la casa, el viaje... seremos felices? Esto puede tener dos posibles efectos. El primero es negativo, pero no tan diabólico como el segundo. El primero es que logramos tener el auto, por ejemplo, y por unos cuantos días o semanas estamos entusiasmados y completamente fascinados con él. El obtener el auto ha traído cierta felicidad, aunque es una felicidad circunstancial; depende del auto. Si nos quitaran el auto, la felicidad se disiparía. De hecho, probablemente seríamos menos felices de lo que éramos antes de tener el auto. Ese es el primer efecto: obtenemos el auto, nos genera cierta felicidad y la felicidad pronto se disipa.

Como mencioné, el segundo efecto es peor aún. En el segundo escenario no obtenemos el auto, el trabajo o la chica, y pasamos el resto de nuestra vida victimizándonos, creyendo que si solo hubiéramos logrado tener el auto, el trabajo o la chica, habríamos sido felices por siempre. La persona que no llega a tener el auto nunca llega a darse cuenta de que el auto nunca le proporcionaría la felicidad que esperaba, entonces vive perpetuamente en esta falsa promesa.

El obtener lo que deseas no te hace feliz. Esto es cierto por muchas razones, comenzando porque simplemente nunca puedes tener suficiente de lo que realmente no necesitas.

¿Por qué caemos en la trampa de esas falsas promesas de felicidad tan fácil y tan frecuentemente? Hay miles de razones, pero principalmente se resume en el hecho de que nos dejamos llevar por la pereza y nos atrae la promesa de la felicidad fácil. Parece demasiado bueno como para ser cierto y así es. Es un gran timo.

Un estafador es aquel que engaña a la gente persuadiéndola a creer algo que no es cierto. Han transcurrido casi cien años desde que Carlo Ponzi, homónimo del esquema Ponzi, fuera encarcelado. Pero los esquemas de Ponzi prevalecen hoy aun más que ayer. ¿Por qué? ¿Será que el cerebro detrás de los esquemas de Ponzi continúa engañándonos? Sí, pero también nosotros nos engañamos a nosotros mismos. Sabemos que es demasiado bueno como para creerlo, pero nos engañamos a nosotros mismos por pereza, por avaricia o por cualquier otra distorsión de nuestra bella esencia humana. Caemos en las falsas promesas de felicidad que el mundo nos ofrece de la misma forma y por las mismas razones.

Estos son simplemente un par de simples ejemplos, pero el mundo nos ofrece felicidad en un sinfín de maneras. Cedemos ante estas falsas promesas con mayor facilidad en ciertos momentos de la vida que en otros. El deseo de placer, dinero, posesiones, éxito, poder y otras cosas mundanas nos seduce. El punto principal, evidentemente, es que deseamos cosas que no nos convienen. Sabemos que cambiar felicidad por placer es un mal trueque, pero aún así lo hacemos. Sabemos que el hacer simplemente lo que queremos no nos brinda felicidad, pero queremos creer que sí. Las mentiras y las falsas promesas en torno a la felicidad lucen mil máscaras distintas, pero todas tienen sus raíces en la filosofía de la cultura moderna: el sentido de la vida es conseguir lo que quieres, y entre más consigas aquello que quieres, más feliz serás. Llevamos tanto tiempo conformados y acostumbrados a una imitación de mala calidad de la felicidad, que nos hemos hecho inmunes a estas falsas promesas y mentiras.

A lo largo de nuestra vida se nos ha mentido tantas veces acerca de la misma naturaleza de la felicidad y de cómo se consigue. Aun en círculos cristianos tenemos formas de mentir al respecto, diciendo cosas como: «Es egoísta pensar sobre tu propia felicidad», o «Dios no quiere que pienses en tu propia felicidad». Eso no es cierto, estas también son mentiras. Has sido creado para la felicidad y Dios quiere que seas feliz. Vale la pena reflexionar al respecto: *Dios quiere que seas feliz*. El mundo te dice que Dios quiere que seas miserable, pero eso es una mentira. De hecho, Dios te creó para la felicidad, por eso es que los seres humanos alcanzan su mejor desempeño cuando son felices.

No me malinterpretes, no estoy siendo un iluso creyendo que Dios quiere que estemos eufóricos todo el tiempo y que nunca experimentemos desilusión, inconveniencias o sufrimiento. Claramente todo esto es parte inherente de nuestro camino y nos ayuda en la faena de convertirnos en la mejor versión de nosotros mismos. Lo que en mi propia vida puedo discernir hasta el momento es que Dios quiere que experimentemos felicidad e incluso momentos de una alegría incomparable en esta vida y luego una alegría intensa e inagotable en la próxima. Sin embargo, estas cosas no son incompatibles con el sufrimiento inevitable que todos experimentamos en la vida.

Supongo que todo se reduce a una pregunta fundamental: ¿por cuánto tiempo quieres ser feliz? Si quieres ser feliz por un par de horas tómate una siesta. Pero yo deseo más que eso y también tú. Anhelamos una felicidad prolongada, una felicidad duradera y cuando pensamos detenidamente en ello, esa inquietud, ese gusanillo que sentimos en nuestro interior no es más que el anhelo por un gozo que trasciende la simple felicidad.

La buena noticia es que hay un camino distinto. No tienes que quedarte en la autopista de las mentiras y en el camino de la miseria. Tarde o temprano nos damos cuenta de que lo que el mundo tiene que ofrecer simplemente no es suficiente para satisfacernos. Es solo en ese momento en que la mayoría de nosotros nos planteamos cuatro de las preguntas más importantes en la vida:

- ¿Quién soy?
- ¿Para qué estoy aquí?
- ¿Qué es lo que más importa?
- ¿Qué es lo menos importante?

La curiosidad que tenemos por estas preguntas fundamentales revela nuestro deleite por la vida. Cada una de estas preguntas reconoce que somos seres únicos, que la vida es corta, pero está dotada de sentido y propósito y que somos peregrinos por este mundo tratando de asir la felicidad y curiosos por dar respuestas a estas preguntas y más. Para muchos la curiosidad llega a un culmen a la edad de dos o tres años, en parte como producto de que se les dice que dejen de preguntar el porqué de las cosas. Es la hora de reavivar la curiosidad respecto a quiénes somos, para qué estamos aquí, qué importa más y qué importa menos, para así poder vivir la vida que probablemente has imaginado al haber considerado las preguntas al final del este capítulo. Ahora es el momento ideal para empezar.

4

ME HE ESTADO ENGAÑANDO

Si vamos a ir más allá de las mentiras con que nuestra cultura constantemente llena nuestras mentes y nuestros corazones, tenenos que estar igualmente comprometidos a dejar de mentirnos a nosotros mismos. No nos gusta que otra gente nos mienta, y aún así tenemos una capacidad sorprendente de engañarnos a nosotros mismos.

Una de las razones por las cuales aceptamos y absorbemos fácilmente las mentiras del mundo es porque vivimos en una cultura de pretensión y de mentiras; sin embargo, no solo tenemos hambre de verdad y de felicidad, sino ansias por lo auténtico. Queremos que aquella persona, dondequiera que esté, sea de hecho lo que aparenta ser. Esto es complejo, pues con gran facilidad proyectamos que los demás van a ser perfectos y luego parecemos sorprendidos ante sus imperfecciones. La primera vez que hacemos esto es generalmente con nuestros padres. En algún momento de nuestra niñez descubrimos que nuestros padres son simplemente gente normal.

Ser auténtico y ser perfecto no es lo mismo. La persona auténtica reconoce que no es perfecta. Es abierta, honesta y vulnerable respecto a sus imperfecciones, pero comprometida a luchar por superar esas imperfecciones y ciertamente no las usa como excusas para adoptar comportamientos o conductas que impacten negativamente a otros.

Nos engañamos de tantas maneras. Con frecuencia me he preguntado si el hacerlo es quizás hasta cierto punto necesario para mantener la cordura. Quizás si se nos revelara en un solo instante la verdad absoluta respecto a nosotros mismos, a la vida y al mundo, seríamos objeto de una crisis psicótica. Sería abrumador tras haber estado rodeado y haber aceptado tantas mentiras por tanto tiempo.

El ego y la imagen siempre han desempeñado un rol preponderante en la vida de las personas, y tú y yo no somos distintos. Estamos intensamente apegados al deseo de ser percibidos de manera positiva, incluso por personas que no conocemos y con las que jamás vamos a interactuar —quizás el aspecto más revelador es que incluso queremos ser percibidos positivamente por gente que no es de nuestro agrado.

En resumen, queremos gustarle a *todos*. Esto, por supuesto, nos lleva a presentarnos de formas que no son auténticas. Esto constituye una receta de desastre que está directamente vinculada a una de las lecciones que he aprendido con frecuencia a fuerza de sinsabores y que mencioné unas páginas atrás: *Nunca soy feliz cuando pretendo ser alguien que no soy.*

La gente siempre ha pretendido ser más de lo que realmente es. Todos lo hemos hecho. Llevados por el ego y el deseo de mantener cierta imagen, pretendemos ser más o distintos de lo que realmente somos. Y especialmente ahora con el surgimiento de las redes sociales el aparentar está ocupando el primer lugar en la lista. Los resultados trágicos de este aspecto de nuestra cultura son inacabables. Primero que nada, la obsesión con las redes sociales desvía nuestra atención para vivir la vida y estar verdaderamente presentes en cada momento. Nos roba la vida, porque nos roba el momento presente. Con frecuencia en los viajes que realizo alrededor del mundo me sorprende ver la obsesión de la gente por tomar fotografías en lugar de sumergirse en la experiencia que tienen ante ellos para vivirla plenamente.

Hoy me encuentro en París, y mientras estoy sentado aquí escribiendo, apenas está saliendo el sol. Es una ciudad espectacular y por supuesto hay turistas por todos lados. Si voy al Louvre a cualquier hora hoy, encontraría una multitud ante la *Mona Lisa* de Leonardo da Vinci. Cada persona estaría tratando de tomar una foto, y tres minutos más tarde la mayoría habría publicado su foto en la plataforma de las redes sociales de su predilección. Las personas están más interesadas en sacar una foto que en experimentar la maravilla de la obra de arte que tienen al frente.

Las redes sociales nos roban la vida. Se llevan nuestro enfoque por vivir la vida y lo desvían hacia un interés por presentar a otra gente una falsa imagen de nosotros mismos y de nuestra existencia. Como sucede en una primera cita o en una entrevista de trabajo, la mayoría se presenta en las redes sociales de la mejor forma posible; y aquellos que no tienden a hacerlo terminan haciéndolo por otras razones del ego. Parecemos estar más interesados en pretender vivir vidas interesantes que en vivir de hecho vidas interesantes.

El año pasado me enviaron este correo electrónico, de un director de una escuela secundaria a los padres de los estudiantes.

Parecer más que ser

Una vez llegó a mis manos una frase en latín que se quedó en mi mente: **esse quam videri,** *la cual se traduce como «ser más que parecer».*

Reconozcamos el hecho de que todos nosotros estamos cansados de gente que trata de ser algo que no es.

Espero que en la vida cada uno de nuestros muchachos se esfuercen por ser algo, en lugar de conformarse con parecer ser algo que de hecho no son.

Y refiriéndonos al tema de parecer, las plataformas de las redes sociales me parecen ser una pérdida de tiempo. Cuando nuestros jóvenes se exponen en alto grado a hábitos como este en las plataformas sociales, se arriesgan a parecer en lugar de ser. Tratan de presentarse a sí mismos como les gustaría ser (y cómo les gustaría ser vistos) y al hacerlo así están desvalorizando en alguna medida su propia esencia e individualidad, o quienes son de verdad. El impacto en la autoestima que se deriva de esta sentencia es desastroso.

En las redes sociales, nuestro ego nos tienta a presentarnos como nos gustaría que los demás nos vieran en lugar de como somos realmente y al exponernos constantemente a los pensamientos mundanos de otra gente, es poco probable que surjan en nosotros ideas originales y que desarrollemos un verdadero sentido de nuestra propia identidad.

Una de mis mayores esperanzas es que permitamos (y les enseñemos) a nuestros muchachos a emprender con gusto y confianza el camino que tienen por recorrer en lugar de sucumbir ante el deseo de parecer.

La vida es demasiado corta como para gastar el tiempo en las plataformas sociales. La vida está dotada de un gran sentido como para preocuparnos por parecer cuando nuestros muchachos pueden y deberían usar ese tiempo esforzándose por ser.

Esse quam videri.

***

El pretender limita la vida. Las redes sociales limitan nuestra habilidad de experimentar la vida realmente, pero es solo un ejemplo de cómo malgastamos el momento presente y nos perdemos de vivir la vida. Hace muchos años escribí: «Tarde o temprano nos levantaremos o descenderemos al nivel de nuestras amistades». Todavía lo creo, pero cada vez parece ser más cierto que tarde o temprano nos levantaremos o descenderemos al nivel de nuestro involucramiento en las redes sociales. Como cristianos deberemos ver los medios sociales como una manera de llevar un mensaje positivo de esperanza a un ambiente lleno de tanta negatividad y desesperanza.

Entonces sí, el mundo nos miente, pero nosotros también nos mentimos —y le mentimos a los demás respecto a nosotros. ¿Quién estás pretendiendo ser en este momento? ¿En qué aspecto te estás mintiendo en este momento?

Somos muy buenos para engañarnos a nosotros mismos. La mayoría de las personas piensan que escuchan mejor de lo realmente escuchan; la mayoría de las personas piensan que son mejores conductores de lo que realmente son o que gozan de mejor salud de la que realmente tienen; y la mayoría de nosotros pensamos que somos mejores cristianos de lo que realmente somos.

Esperamos la verdad de los otros, pero tan a menudo descartamos esa expectativa para nosotros mismos. Parece que le tememos a la verdad, pero no hay por qué hacerlo. La verdad es bella y la verdad acerca de ti es bella. Tú y yo no somos perfectos, pero somos bellamente imperfectos. Hay verdad en ello.

Deja de pretender ser quien no eres, y de vivir una vida que no es la tuya. No te engañes más, y reza por mí para que yo también pueda dejar de mentir y de aparentar.

En todo esto hay una pregunta un tanto incómoda que es esencial pero muy pocas veces objeto de reflexión: ¿qué lugar estás dispuesto a darle a la verdad en tu vida? ¿Estamos dispuestos a darle el trono a la verdad en nuestras vidas o queremos esconderla en el clóset? Existe una conexión entre la felicidad y nuestra relación con la verdad? ¿Podría algo más de verdad otorgarnos algo de felicidad y podría mucha más verdad hacernos mucho más felices?

5

EXISTEN TANTAS MENTIRAS SOBRE EL CRISTIANISMO

Por dos mil años, no cristianos han estado divulgando mentiras acerca de los cristianos y del cristianismo. Parte de esto ha sido algo intencional y maliciosamente hecho, pero en su mayoría ha sido producto de la ignorancia. Podrías llenar bibliotecas enteras con las mentiras que se han dicho con respecto a los cristianos y al cristianismo. El mundo miente sobre este tema con mayor frecuencia que sobre cualquier otra cosa. Por tanto, no es sorprendente que en esta cultura de mentiras, donde la verdad se valora tan poco, el cristianismo esté constantemente en el blanco. En esta sección echaremos un vistazo a algunas de las mentiras más prominentes y al porqué la cultura se adhiere a ellas tan firmemente.

Exploremos brevemente cinco de las mentiras más grandes acerca del cristianismo. Mi propósito aquí no es aportar un tratado exhaustivo como evidencia para refutar cada una de estas mentiras, sino más bien brindar el contexto para referirme posteriormente a la mentira más grande en la historia del cristianismo.

MENTIRA #1: JESÚS NO EXISTIÓ.

Si la gente quiere argumentar si Jesús se levantó o no de entre los muertos, ¡qué le vamos a hacer! Si no creen que realizó los milagros que se relatan en los Evangelios, ni modo. Pero que Jesús haya existido como una persona en particular en tal región y en un momento específico de la historia no es algo sujeto a discusión para ninguna persona que tenga tan siquiera una pizca de honestidad intelectual.

Los primeros cristianos difundieron de boca en boca, y con un gran nivel de detalle, los eventos de la vida de Jesús y sus enseñanzas. Más tarde, los escritores cristianos documentaron lo que los discípulos de Jesús presenciaron de primera mano, compartiéndolo así con las primeras comunidades cristianas. Aparte de ellos tanto los judíos como los historiadores romanos se refirieron a Jesús en sus escritos, siendo el más famoso de ellos Flavio Josefo. Y, sin embargo, la mentira de que Jesús nunca existió está viva y bien arraigada.

Justamente hoy estaba leyendo lo que la gente que odia a Jesús dice de Él y me topé con esto: «Jesús no es nada más que una colección de mitos robados, identidades hurtadas y un montón de enseñanzas hipócritas y contradictorias, sin valor y carentes de sentido. Nunca ha habido en toda la historia un personaje tan ficticio como ese tonto de Nazaret. Él no es más que un simple engaño».

En nuestro tiempo, nuestra cultura ha estado tratando, sutil pero persistentemente, de posicionar a Jesús en la misma categoría del Papá Noel o del conejo de Pascua. La idea de que Jesús no es nada más que una invención de la imaginación cristiana es no solo engañosa, sino una rotunda mentira. Mientras que un número creciente de personas reclama que Jesús es solo una idea, la realidad es que Él es una figura histórica claramente establecida que ha influenciado la historia más que ninguna otra.

MENTIRA #2: LA RESURRECCIÓN ES UN MITO.

Hay muy pocos eventos de la Antigüedad de una mayor certeza histórica que la muerte de Jesús en la cruz. Tan solo tres días más tarde las mentiras sobre Jesús y el cristianismo se difundían a paso acelerado. Probablemente fue ese mismo domingo por la mañana cuando comenzaron a propagarse falacias en torno a su resurrección de entre los muertos.

La primera y la más común de las mentiras es que los discípulos llegaron por la noche a la tumba y se robaron el cuerpo de Jesús. ¿Podría ser posible? Claro. ¿Probable? No tanto. La tumba se había sellado y estaba siendo custodiada. Quizás lo más convincente es el hecho de que Jesús de Nazaret, quien padeció una muerte de cruz tras haber sido horriblemente torturado, se apareció a lo largo de los cuarenta días siguientes a más de quinientas personas en doce ocasiones distintas. Estos quinientos testigos oculares serían más que prueba suficiente para convencer a cualquier corte moderna, no obstante, como la resurrección es algo tan central a la fe cristiana, será cuestionada y puesta en duda hasta el fin de los tiempos. Ahora, es posible que estas quinientas personas estuvieran todas mintiendo. ¿Pero alguna vez has intentado mantener un secreto entre unos pocos? Casi nunca se logra. La mayoría de las veces dos adolescentes no pueden coincidir en su historia respecto a dónde estaban y lo que estaban haciendo la noche anterior. Y por otro lado tenemos esta indeleble realidad de que muchos de los que manifestaron que Jesús había resucitado de entre los muertos fueron asesinados por afirmarlo. ¿Quién estaría dispuesto a morir por una mentira?

Finalmente tenemos la interrogante del cuerpo. Si Jesús no se hubiera levantado de entre los muertos, ¿dónde está el cuerpo? Alguien debió haberlo removido —presumo que más de una persona. Imagínate cuan difícil habría sido mantener ese secreto. «¡Yo sé donde está el cuerpo de Jesús!».

MENTIRA #3: LOS ENDEBLES E IGNORANTES SON PRESA DEL CRISTIANISMO.

Hay cosas horrendas que han sido realizadas por cristianos en nombre del cristianismo, aunque es esencial notar que en cada caso las atrocidades cometidas se apartaron de las creencias y enseñanzas cristianas. Hay doctores, abogados, maestros de escuela y gente de todas las ideologías que han hecho cosas horribles en nombre de su profesión o de su credo. En todos los casos estaban equivocados y errados e incluso, en algunas ocasiones, dementes. Pero no por el hecho de que algunos doctores hayan cometido barbaridades decimos que la profesión médica es una falacia y debería ser abolida de la faz de la Tierra. Es crítico que no confundamos el comportamiento de los individuos con el cristianismo o con las enseñanzas cristianas, aun cuando estos individuos sean cristianos.

El uso indebido de algo bueno no le resta valor al bien. Algunas personas abusan de su rol de padres, pero eso no hace de la paternidad o de la maternidad algo malo o falso. Todo lo contrario, ser padres es algo bueno y bello. El uso indebido o injusto de algo bueno no disminuye el bien inherente a ese algo. De la misma forma, alguna gente abusa de su rol de cristianos, pero eso no hace del cristianismo algo malo o falso.

Refirámonos ahora a esta mentira en particular de que los débiles e ignorantes son presa del cristianismo. El cristianismo ha sido el primer defensor de la dignidad y de los derechos humanos por dos mil años. El cristianismo ha hecho más por los pobres y necesitados que cualquier otra institución en la historia. El cristianismo ha abogado incansablemente por el trabajador, y el cristianismo ha sido responsable de la educación de más personas que cualquier otro grupo en todas las épocas desde que Jesús se levantó de entre los muertos.

Las acciones de los cristianos y del cristianismo son en general incongruentes con este alegato. Si el cristianismo intentara mantener a la gente endeble e ignorante, los cristianos de todos los tiempos no habrían trabajado tan diligentemente para liberar a tantos millones de personas de su debilidad e ignorancia.

MENTIRA #4: EL CRISTIANISMO SE OPONE A LA CIENCIA Y AL INTELECTO.

Así como sucede con todo lo que pertenece o profesa la fe de Cristo, usualmente ayuda ir a la raíz de Jesús mismo. Él no era elitista, pero era intelectual y astuto. Todo lo que Él enseñó fue un profundo replanteamiento y reconstrucción de la tradición intelectual judía. Y, sin embargo, poseía el asombroso don de un populista: la habilidad de presentar las ideas y los conceptos más complejos de una forma simple y práctica a la vez. Jesús presentó tanto la sabiduría práctica y los misterios sobrenaturales de sus enseñanzas para que estuvieran al alcance de tantas personas como fuera posible.

El cristianismo ha sido consistentemente acusado de oponerse a lo intelectual, a la ciencia y al espíritu científico, y existen algunos motivos para afirmarlo. Los casos de Copérnico y Galileo son los más frecuentemente citados, y no hay duda de que en ambos el cristianismo respondió deficientemente. No obstante, es importante notar que a través de la historia, el cristianismo ha reconocido humildemente estos y otros errores y ha reconsiderado su rol en los campos científicos e intelectuales, y se ha ajustado.

Al mismo tiempo, acusar al cristianismo de oponerse al intelecto es algo totalmente absurdo. Las universidades deben su origen a la tradición cristiana medieval. Las escuelas en las catedrales cristianas y en los monasterios fueron predecesoras del sistema universitario y datan, en muchos sitios, del siglo VI. El surgimiento de la educación, de las escuelas y en particular de las universidades no fue continuo. Eventos mundiales tales como las guerras, las plagas, las hambrunas y los cambios en el poder político y religioso todos obstaculizaron el constante progreso y la expansión de los sistemas educativos, pero lo que es cierto es que el cristianismo fue responsable por el crecimiento del sistema universitario. Más aun, al reconocer la dignidad de todo ser humano, el cristianismo se convirtió en el defensor de la educación de los pobres. También es de particular interés señalar que el cristianismo también abogó para que las mujeres tuvieran igual acceso a la educación, lo cual se remonta hasta san Benito y su hermana gemela santa Escolástica en los siglos V y VI.

Acusar al cristianismo de oponerse al intelecto no es más que un perfecto disparate. He escuchado este punto bien debatido, pero un disparate bien debatido sigue siendo un disparate.

Acusar al cristianismo de ser anticientífico es también una mentira. Primero que todo no hay que restarle importancia al hecho de que la mayoría de los científicos famosos que frecuentemente se consideran haber sido perseguidos por el cristianismo eran también cristianos comprometidos. ¿Ha habido cristianos que estuvieran en contra de la ciencia? Sí, pero la postura general del cristianismo hoy día es que la fe y la razón son compatibles y, de hecho, indisociables.

No obstante, la sociedad continúa amontonando los errores del pasado sobre los cristianos de todos los lugares y de todos los tiempos. Esto es análogo a culpar a todos los alemanes hoy día por los crímenes de Hitler en contra de la humanidad. Cualquier persona con algo de sentido común se da cuenta de que esto sería simplemente injusto. De la misma forma lo sería acusar a los americanos hoy por haber apoyado la esclavitud, simplemente porque la esclavitud en este país fue legal en una época.

El famoso ateo Christopher Hitchens escribió: «Gracias al telescopio y al microscopio, la religión ya no ofrece ninguna explicación de nada importante». Fue famoso como ateo, pero también fue famoso por acusar a los cristianos de tener una visión estrecha. Y, sin embargo, sus propias palabras parecen ser el fruto de una visión increíblemente estrecha.

La ciencia descubre y nos describe el universo, y las leyes de la naturaleza descubiertas por la ciencia esbozan el orden de los patrones de la naturaleza. No obstante, la ciencia no puede dar respuestas profundamente personales a las interrogantes más trascendentes que atañen a tu propio ser. No puede contestar esas cuatro preguntas que identificamos anteriormente: ¿Quién eres? ¿Para qué estás aquí? ¿Qué es lo más importante? ¿Qué es lo que importa menos?

Ahora parece que se han vuelto las tornas. Mientras que en otros tiempos había algunos cristianos que se oponían al intelecto y a la ciencia, hoy la gran mayoría de los académicos y de los científicos parecen ser ciegamente anticristianos —y más aun, a diferencia de sus antecesores, parecen oponerse a Dios. Quizás dentro de dos mil años encontrarán la humildad que tuvo el cristianismo para reconsiderar su posición, aunque espero, para nuestro propio beneficio y el de ellos, que no tome tanto tiempo, pues tengo la profunda convicción de que la ciencia desempeñará mejor su papel cuando la fe y la razón se reunifiquen en una vigorosa búsqueda de la verdad.

El cristianismo tiene una rica historia intelectual y científica. La historia no está libre de manchas, ninguna historia lo está. Y hoy, más que nunca, el cristianismo celebra la amistad y la alianza entre la fe y la razón en la búsqueda de la humanidad por comprender el universo y a nosotros mismos.

MENTIRA #5: EL CRISTIANISMO ESTA EN CONTRA DEL SEXO.

El cristianismo ha sido acusado por mucho tiempo de producir frustraciones a nivel sexual entre todo tipo de creyentes por estar en contra del sexo. Los atacantes del cristianismo han ido más allá generalizando que el cristianismo se opone al placer y cualquier tipo de diversión. No es así —de hecho, todo lo contrario. Puede sorprender a muchos descubrir que Dios quiere que tengas una estupenda vida sexual.

La belleza y la genialidad de la sexualidad consisten en que protege a las personas de ser reducidos a meros objetos y ser usados simplemente para el placer egoísta de alguien. Si tuvieras una hija, ¿cómo te sentirías si fuera utilizada por un hombre que no la amara ni se interesara en ella, simplemente para su propia satisfacción sexual? Mi experiencia ha sido que los padres rápidamente se unen para proteger a sus hijas de este tipo de situaciones. Dios quiere proteger a todos sus hijos de ser reducidos a objetos y ser usados sexualmente o a cualquier otro nivel, y hace un llamado a todos los cristianos y a todos los hombres y mujeres de buena voluntad para unirse en esta tarea.

La sexualidad humana es un tema digno de un libro entero. Nuestra sexualidad es un don precioso y lleno de poder. Es por tanto evidente que algo tan preciado no debe ser abusado o malgastado. Lejos de estar en contra del sexo, el cristianismo está a favor del sexo. El sexo nos puede traer gran dicha o gran miseria, y Dios quiere que nuestra sexualidad sea la fuente de gran dicha para nosotros.

***

Desde los inicios, no han sido pocas las mentiras respecto a Jesús, a sus seguidores y al cristianismo en general. Hoy no es distinto. Las mentiras siempre rodean al cristianismo. Otras mentiras comunes hoy en día incluyen: los cristianos odian a todos los no cristianos; los cristianos piensan que todos los demás se van a ir al infierno; la gente inteligente no es cristiana; el cristianismo está muriendo y no estará sobre la faz de la Tierra por mucho más tiempo. Apenas hemos tocado la superficie, pero mi punto no es abordar cada mentira, ni siquiera muchas de ellas.

Quería comunicar claramente que los no cristianos han estado mintiendo respecto a nosotros desde los orígenes del cristianismo. La mayor parte de estas mentiras son el resultado de la ignorancia, como mencioné al inicio de este capítulo. Algunas otras son el producto de información distorsionada intencionalmente, y unas cuantas constituyen un ataque personal en contra de Jesús en un intento por desacreditar la fe cristiana como un todo. Algunas de estas mentiras están dirigidas hacia nuestra teología y creencias y otras al estilo de vida cristiano. Lo triste respecto a estas mentiras es que han destruido las posibilidades reales de felicidad de las personas. Han hecho un daño tremendo a tanta gente, y es vital reconocerlo. Estas mentiras han impedido que millones, probablemente miles de millones de personas, descubrieran el gozo y la genialidad del cristianismo.

También necesitamos reconocer y confrontar la incómoda realidad de que como cristianos nos mentimos el uno al otro, a los demás y a nosotros mismos con una regularidad preocupante. Los no cristianos pueden mentir acerca de nosotros, pero nosotros nos mentimos a nosotros mismos.

De hecho este punto —el hecho de que nos mentimos a nosotros mismos— cobra especial relevancia aquí. La capacidad humana de engañarse a sí mismo no conoce límites.

Más que nada, quiero preparar el terreno para que juntos exploremos la mentira más grande en la historia del cristianismo. Sorprendentemente, no es una mentira que los no cristianos digan respecto a los cristianos; es una mentira que nos decimos a nosotros mismos.

Echemos un vistazo.

6

LA MÁS GRANDE MENTIRA

Las mentiras de este mundo nos extraen la vida al destruir nuestro gozo. La verdad engendra gozo y es con ese mismo gozo que el Evangelio alienta nuestras vidas. Hay evidencia suficiente de que la felicidad que buscamos puede encontrarse al hacer vida en nosotros las enseñanzas de Jesús. Entonces, ¿qué es lo que nos detiene para abrazar plenamente el Evangelio de Jesucristo?

Nuestros temores y nuestro propio quebrantamiento pueden ser un obstáculo. Dios nos invita a una entrega total, pero tememos dejar lo que haya que dejar para rendirnos plenamente a Él. La cultura y todas sus distracciones pueden impedirnos ver la belleza de la vida que Dios nos invita a vivir. La

aversión a nosotros mismos, la renuencia a perdonarnos y a perdonar a los demás, las predisposiciones y los prejuicios que se han acuñado tras experiencias anteriores, la indiferencia ante los necesitados, el egoísmo; todos ellos son obstáculos reales en nuestra búsqueda de vivir auténticamente las enseñanzas de Jesús.

La infinidad de mentiras que siempre han circundado al cristianismo han sembrado dudas en los corazones y en las mentes y erosionado la fe de millones de personas. Pero hay una mentira que está teniendo un impacto diabólico en la vida de los cristianos de nuestra era. Es la mentira más grande de la historia del cristianismo. Y ahora hemos llegado al meollo del asunto. Vale la pena notar que esta mentira no es una de las que nos dicen los no cristianos. Es una mentira que nos decimos nosotros como cristianos.

Esta es la mentira: la santidad no es posible.

La gran mayoría de los cristianos modernos no cree realmente que la santidad sea posible. Por supuesto la consideramos posible para nuestras abuelas o para algún santo medieval, pero no para nosotros. No creemos que la santidad sea possible para nosotros y esta constituye una de las mayores tragedias de todas las épocas del cristianismo.

Examina tu corazón. ¿Crees que la santidad es posible para ti? La mayor parte de los cristianos no cree que lo sea.

No estoy seguro cuándo o dónde esta creencia se apropió del poder opresor que ejerce sobre la vida espiritual de los cristianos y de la Iglesia. No hay duda de que hay una compleja serie de razones psicológicas y excusas que nos llevan a aceptar y a creer esta mentira. Esta mentira es diabólica en su sutileza. Hay un genio maligno en su efectividad. Es horrible y a pesar de ello no puedes hacer más que reconocerlo. El paralizar y neutralizar prácticamente a todas las generaciones cristianas con una única idea es una brillante proeza; diabólica y malvada, pero a pesar de ello, brillante.

Es increíble que tan solo una mentira haya podido neutralizar a la mayoría de los cristianos. Efectivamente, neutralizar. Esta mentira nos saca del escenario y nos convierte en meros espectadores de la historia épica del cristianismo que continúa desarrollándose a través de las generaciones. Esta mentira es responsable en gran parte, si no lo es en primer lugar, de marcar el inicio de una nueva era moderna, la era postcristiana o de descristianización de la civilización occidental. Puede que sea el mayor triunfo del diablo en la historia moderna. Este es el holocausto de la espiritualidad cristiana.

De mil maneras nos decimos continuamente a nosotros mismos y a los demás que la santidad no es posible. No lo decimos con esas palabras, pero el hecho de que el término santidad haya desaparecido de nuestro diálogo constituye una prueba de que la consideramos irrelevante o inalcanzable. ¿Cuándo fue la última vez que escuchaste a alguien referirse a la santidad?

San Pablo fue sumamente claro en su primera carta a los tesalonicenses (1Ts 4,3) en que esta es la voluntad de Dios, nuestra santificación. Dios quiere que vivamos vidas santas, que crezcamos en carácter y en virtud y que nos convirtamos en la mejor versión de nosotros mismos.

Pero estamos muy ocupados en mil cosas. No tenemos tiempo para pensar en algo como la santidad. La idea misma es descartada por muchos como un afán por alcanzar una perfección imposible. No obstante, la felicidad no consiste en ser perfectos, como pronto descubriremos.

Sin embargo, primero que todo debemos superar la mentira de que la santidad no es posible, ya que no podemos experimentar completamente el gozo que Dios quiere para nosotros —y que nosotros mismos deseamos en nuestro interior— hasta que lo hagamos.

Lo más triste de vernos presa de esta mentira es que esta farsa diabólica puede ser totalmente demolida y completamente refutada como en noventa segundos. Hablemos entonces de cómo demolemos esta mentira en nuestros corazones, mentes, almas y comunidades de la Iglesia. Este es el primer paso hacia un pleno entendimiento de nuestra bella fe. Este es el primer paso hacia el restablecimiento de nuestra identidad cristiana en la sociedad. Y el primero con miras a construir un mundo mejor en el que nuestros hijos y nietos puedan crecer libres y fuertes y mucho más. Este es el primer paso.

7

¡COMPRUÉBALO!

La enervante mentira que ha convencido a tantos cristianos de que la santidad no es posible es fácilmente refutable. Por tanto, me entristece que no instruyamos, una y otra vez, a cada cristiano el cómo superarla. Y aunque la devastadora verdad es que bastaría un par de páginas para impugnarla de modo convincente, sería mejor que se enseñara con tanta claridad que la santidad es posible y se insistiera en ello con tal frecuencia, que no le diéramos nunca la oportunidad de enraizar; pero desafortunadamente esta mentira ya se ha arraigado profundamente en nuestras comunidades cristianas y en nuestra sociedad. Dispongámonos entonces a echarle un vistazo.

Supone que estamos tomando café y te digo: —¿Puedes salir mañana y crear solo un momento santo? —No una vida santa o tan siquiera un día santo. No una hora santa ni quince minutos santos; simplemente un solo momento santo.

Probablemente preguntarás: —¿Qué es un momento santo?

—Un momento santo es en el cual te abres a Dios y te pones enteramente a su disposición. Dejas de lado lo que tú quieres hacer en ese instante, así como tus intereses personales y por un momento simplemente haces lo que en oración sientes que Dios te está llamando a hacer entonces. ¡Ese es un momento santo!

—Creo que entiendo —dices—. Pero dime una vez más, ¿qué es un momento santo?

—Muy bien —contesto—. Un momento santo es aquel en que eres la persona que Dios tiene en mente para ti y haces lo que verdaderamente sientes que Dios te llama a hacer en ese momento. Es una ocasión en donde dejas de lado tus propios intereses y deseos, lo que quisieras o preferirías estar haciendo y te dispones a hacer lo que crees que traerá el mayor bien a la mayoría de la gente en ese momento.

—De acuerdo. Lo entendí —me confirmas y entonces te pregunto nuevamente—: ¿Puedes salir mañana, colaborar con Dios de esta manera y crear un momento santo?

Por supuesto que puedes. No es algo que deba confundirte o abrumarte. No requiere de un gran intelecto ni de un doctorado en teología, ni tan siquiera de un excepcional entendimiento de esa materia. Es asequible, alcanzable y sumamente práctico.

Esto es algo realmente bello. La primera frase del poema de John Keats, *Endymion*, dice: «Algo bello es un goce perenne». Un momento santo es algo bello. El poema continúa: «Su encanto se acrecienta y jamás caerá en la nada». Esta es la idea de la que

venimos hablando. El colaborar con Dios para crear momentos santos es un goce eterno por dos motivos. La primera razón es lo que hemos discutido en las últimas trescientas palabras y que prueba que la santidad es posible para ti. Dios ama colaborar con la humanidad y si tú puedes colaborar con Dios y crear un único momento santo, ese solo hecho prueba que la santidad también es también posible para ti.

Los héroes de la Iglesia, los defensores de la fe y los santos que han ejemplificado la vida cristiana por unos dos mil años no vivieron vidas santas. Es un craso error reconsiderar sus vidas y decir: «Ella vivió una vida santa» o «Él vivió una verdadera vida santa». Y estos hombres y mujeres que colocamos en pedestales serían los primeros en admitir que ellos mismos no vivieron vidas santas, sino que vivieron momentos santos. Sus vidas no se conformaron por una sola acción, sino que vivieron como tú y yo, un momento a la vez. ¿Colaboraron con Dios para crear momentos santos? Sí. ¿Le dieron la espalda a Dios en otros momentos y crearon momentos no santos? Desde luego. De hecho, es esencial notar que entre todos estos momentos santos que estos defensores del cristianismo estaban creando con Dios, cometieron también algunas cosas que podríamos considerar enfermizas, locas, oscuras, torcidas, demenciales y desastrosas. Tomemos por ejemplo a Pablo, el apóstol. En este caso particular estamos hablando de un hombre que persiguió a los cristianos para matarlos. Aunque él no hubiese sido el asesino físico de los cristianos, sí fue un cómplice de estos crímenes y dio órdenes de apresarlos, torturarlos y ejecutarlos. No sé si te sucede lo mismo a ti, pero a mí esto me da una gran esperanza.

¿Cómo es que Pablo superó este terrible legado? En primer lugar, tuvo un encuentro extraordinario con Jesús cuando cayó de su caballo. Este encuentro generó en él un gozo increíble y una consciencia profunda de quién era Jesús y de la transformación que Él había realizado en su vida. Luego de este episodio Pablo quería que tantas personas como fuera posible tuvieran un encuentro personal y una profunda consciencia de Jesús como el mismo Pablo lo había experimentado.

Por esta razón Pablo se dedica de lleno a colaborar con Dios y a disponerse cada mañana a crear momentos santos, viviendo una vida de virtud, carácter y valores cristianos. Colaboró tan intensamente con Dios, creó tantos momentos santos y enseñó a tantas personas a hacer lo mismo que la mayor parte de la gente, al hablar de Pablo, ni siquiera piensa en aquella etapa torcida y oscura a la que me referí con anterioridad.

Esto es precisamente la idea de que un momento santo es algo bello y como dijo John Keats: «Algo bello es un goce perenne. Su encanto se acrecienta y jamás caerá en la nada». Cada buena acción, cada momento en el que colaboramos con Dios, cada momento santo alimentado por la gracia repercute a través de toda la historia. El bien que hacemos nunca se pierde, nunca concluye ni nunca muere. En otros lugares, en otros tiempos, en otra gente, el bien que hacemos vive para siempre. Por eso los momentos santos, por pequeños que sean, por insignificantes que parezcan son tan poderosos. Transforman la vida de los otros y en conjunto cambian el curso de la historia humana. Un solo momento santo es algo bello. Su belleza aumenta y nunca caerá en la nada.

Dije, no obstante, que había dos motivos por las cuales un momento santo es algo bello. La segunda razón es que es replicable. No necesitas leer otro libro para saber cómo colaborar con Dios y crear un segundo momento santo. El hecho de que puedes cooperar con Dios para crear uno de estos momentos prueba que la santidad es posible para ti y te proporciona el modelo para miles de momentos santos.

Lo verdaderamente bello de todo esto es que esta idea puede ser replicada un infinito número de veces. Si lo puedes hacer una vez, lo puedes hacer una segunda vez. No necesitamos tomarnos de nuevo un café la próxima semana antes de que puedas crear un segundo momento santo. Solo necesitas aprender la lección del momento santo una vez para poderla aplicar tantas veces como te comprometas con ello.

Puedes crear tan solo un momento santo el lunes, luego crear dos el martes y cuatro el miércoles, ocho el jueves y así sucesivamente. No hay límite para el número de momentos santos que puedes crear siempre que tengas la consciencia y el deseo de tomar cada momento que se te presenta y tornarlo en algo bello para Dios.

Algunas personas preguntarán genuinamente: «¿Cómo sé qué es lo que Dios quiere que haga en un momento dado?». Esta es una buena pregunta. Anteriormente mencionamos que Dios quiere que vivamos vidas santas, que crezcamos en carácter y en virtud y que lleguemos a ser la mejor versión de nosotros mismos. Estas tres cosas están interconectadas. No puedes crecer en virtud sin convertirte en una mejor versión de ti mismo y viceversa. No puedes llegar a ser una mejor versión de ti mismo sin dar un paso hacia Dios. Y cada vez que creces en carácter y que te conviertes en una mejor versión de ti mismo, vives un momento santo.

La primera cosa que debemos tener clara es que nuestra mera apertura de hacer la voluntad de Dios le complace, así como nuestros esfuerzos por discernir lo que Él nos invita a hacer y a experimentar en un momento dado. Y quizás lo más relevante es que mejoraremos a medida que continuemos intentándolo. Aun cuando andemos a tientas y demos muchos traspiés, cada esfuerzo por conocer y hacer la voluntad de Dios nos hace estar en mejor sintonía con lo que nos dicta el Espíritu Santo. Inicialmente, en nuestros primeros intentos de buscar y de llevar a cabo lo que Dios nos llama a hacer en un momento determinado, es posible que apenas escuchemos un susurro apenas perceptible. Y ese susurro estará compitiendo con muchas otras voces que escuchamos cada vez que tenemos una decisión por tomar. Pero a medida que pasa el tiempo y que colaboramos con Dios para crear más y más momentos santos, ese susurro irá cobrando mayor fuerza y claridad.

Puede ser que sea útil disponer de algunas preguntas que te sirvan de indicador, como por ejemplo: ¿me ayudará a convertirme en una mejor versión de mí mismo? ¿Me ayudará a crecer en carácter y en virtud? ¿Contradice esto las enseñanzas de Jesús? ¿Ocasionará esta acción algún daño a otra persona? ¿Ayudará o evitará esto que otros lleguen a ser una mejor versión de ellos mismos? Y si nos encontramos confundidos es mejor tornar esa confusión o falta de claridad en una oportunidad de oración dirigiendo nuestros corazones a Dios, preguntándole: «Señor, ¿qué es lo que más quieres de mí y para mí en este momento?».

También es importante notar que necesitamos la gracia de Dios para crear momentos santos. No podemos hacerlo solos. Esto no es algo que depende exclusivamente de nuestra propia capacidad. Los momentos santos son creados con la gracia de Dios y la buena noticia es que Dios otorga su gracia generosamente y nunca te negará la gracia que necesitas para crear momentos santos. Nunca carecemos de la gracia de Dios, sino de la disponibilidad que debemos tener para cooperar con esa gracia.

Cuando digo la palabra *gracia*, ¿qué otras palabras te vienen a la mente? *Asombrosa*. La gracia es asombrosa. Necesitamos la asombrosa gracia de Dios. Realmente la necesitamos y la necesitamos ahora. La vida es corta y Él lo sabe, y me emociona ver a Dios derramar abundantemente su asombrosa gracia en tu vida y en la mía, en tu familia y en la mía, en tu vecindario y en el mío y en el mundo entero.

Asombrosa gracia. En ocasiones, todos hemos actuado ciega y estúpidamente. Hemos sido cobardes y amantes del confort. Nos hemos cegado y extraviado, pero todo esto está a punto de cambiar porque la asombrosa gracia va a abrir nuestros ojos para que realmente podamos ver lo que está sucediendo dentro de nosotros y a nuestro alrededor.

El mundo requiere cambios, y esta única idea de momentos santos puede cambiar de nuevo al mundo. Lo ha hecho antes.

El mundo requiere cambios, y la verdad es que probablemente las cosas no mejorarán a no ser que el cambio sea liderado por cristianos. Ningún otro grupo está en una mejor posición de cambiar el mundo que los cristianos, pero necesitamos aunar esfuerzos, organizarnos, unirnos y movernos.

¿Qué es lo que el mundo necesita? Momentos santos.

Tu matrimonio necesita momentos santos. Esto es lo que necesitan tus hijos, tus amigos, tus vecinos y tus colegas. Tu escuela, tu empresa y tu parroquia necesitan momentos santos.

Esta simple y bella idea es central a la vida cristiana, a pesar del hecho de que la hemos perdido de vista o de que la hemos abandonado, o ambas cosas. Es accesible a todos los hombres, mujeres y niños y no requiere de un intelecto eminente. Ricos o pobres, personas de alto nivel académico o con baja escolaridad, solteros y casados; todos pueden entender este sencillo enfoque para transformar los simples momentos de nuestra vida diaria en momentos de profundo cambio en nosotros mismos y en otras personas dando lugar así a un mundo mejor donde nuestros hijos y nietos puedan crecer libres y fuertes.

Entonces sal y comienza a crear momentos santos.

8

UNA BELLA VERDAD

La verdad es bella. A pesar del título, este libro no trata de mentiras, sino más bien de la verdad, en particular de aquella que es central a la vida cristiana y al gozo que esta encierra. La verdad de que los momentos santos son posibles nos recuerda que, frente a los abrumadores problemas en nuestro mundo, nos podemos despertar cada día y compartir gozosamente la belleza, la bondad y la verdad de Dios con cada uno de los que cruzan nuestro camino.

El mundo moderno es un mundo complejo, así como también lo son los problemas que nuestro mundo enfrenta. Así que la tentación es recurrir a la complejidad en busca de alternativas a estos problemas complejos. No obstante, la respuesta no está en una mayor complejidad, y las soluciones a esos problemas son más simples de lo que parece que estamos dispuestos a reconocer. Nos hemos dejado hipnotizar por esta complejidad, pero la esencia del cristianismo es simple. En esa simplicidad, el cristianismo es bueno y bello, positivo y esperanzador. Bondad, belleza y esperanza; estas son cosas que la gente necesita. Yo las necesito. Y si no somos tú y yo los que posibilitamos que estas cosas fluyan a través nuestro hacia el mundo, entonces, ¿quién lo hará? ¿Cuándo lo harán? Y, ¿puede el mundo y toda la gente atrapada en la miseria esperar a que eso suceda? No lo creo. Creo que ha llegado el momento. Este es el momento, esta es *nuestra* hora.

¿Puede una sola verdad cambiar el mundo? Creo que sí. ¿Es posible que una sola verdad cambie tu vida? Creo, con absoluta certeza, que es posible. ¿Y cómo puedo estar tan seguro de ello? Debido a que lo he visto antes y a que yo mismo lo he experimentado. Esta singular verdad de que los momentos santos son posibles y que tú y yo —con todas nuestras faltas y fallas, defectos y debilidades, quebrantamientos e incesantes necesidades— podemos colaborar con Dios y crear un momento santo es transformadora.

Fue esta única y bella verdad la que cambió mi vida cuando yo tenía unos quince años. Desde entonces he estado hurgando, intentando cooperar y colaborar con Dios para crear momentos santos. Muchos días he tenido éxito mientras otros días han sido un total fracaso distorsionado por el egoísmo y los deseos mundanos. Ha habido algunos momentos maravillosos a través de los años cuando supe, sin lugar a dudas, que la mano de Dios estaba en mi hombro, guiándome y alentándome. Y también ha habido algunos momentos de triste desesperación cuando me sentí más solo de lo que jamás pude haber pensado que era posible, días en los que me recogía en posición fetal y llamaba a Dios sin ninguna respuesta. Pero por gracia divina lograba levantarme, literal y figuradamente, y seguía adelante. A veces me tomaba horas, y a veces días, y estoy avergonzado de que a veces me tomaba semanas o incluso meses. Pero tarde o temprano siempre fui conducido de vuelta al camino, a esta singular verdad de que los momentos santos son posibles.

En un mundo que en ocasiones parece muy oscuro, Dios nos provee a ti y a mí de una vela y un cerillo y dice: «Tú eres la luz del mundo». ¿Tú? ¿Yo? Sé que parece imposible, pero esto es tanto la historia del cristianismo como el legado de todo cristiano. Y con todo, estas palabras pueden percibirse como algo más que una teoría. Refirámonos entonces, en términos prácticos, a esta bella verdad de que los momentos santos son posibles. Hagámoslo realidad y démosle vida a estas palabras mediante ejemplos cotidianos con los que podemos sentirnos todos identificados.

***

John Miller descubrió que su vecino que vivía a tres casas de distancia, y que nunca había conocido, se había quebrado la pierna. El sábado, cuando estaba cortando el césped, se dio cuenta de que el de su vecino estaba algo crecido. Entonces, al terminar su labor, fue a su jardín y le cortó el césped. Este fue en momento santo. John siguió cortando el césped de su vecino cada sábado por ocho semanas.

***

Lillian López pensó que se iba a volver loca con la actitud y el comportamiento de su hija adolescente. Rezó por meses y le pidió a Dios hacer algo, pero sucedió que era Dios el que quería que Lillian hiciera algo. El siguiente domingo por la mañana, levantó a su hija a las siete de la mañana y le dijo: —Vístete que nos vamos en veinte minutos. —Como puedes imaginarte, esto no fue muy bien recibido—. ¿Dónde vamos? —su hija gritó—. Te diré de camino —respondió su madre. Al comienzo de la semana Lillian había comprado dos diarios encuadernados en cuero. No eran caros, pero el dinero era escaso por lo que implicó un sacrificio. —¿Qué es esto? —preguntó la hija—. Este es el libro de tu vida —Lillian contestó—. Un lugar para escribir tus esperanzas y sueños, un lugar para planificar y para hacer garabatos si estos te ayudan a reflexionar sobre tu futuro. —Los ojos de su hija comenzaron a llenarse de lágrimas. Ese fue un momento santo—. Así que, ¿cuáles son tus sueños? —Lillian le preguntó a su hija. Hablaron por casi una hora sobre las esperanzas y sueños que su hija tenía para la vida y ella comenzó a escribirlos en su diario. En eso se dio cuenta de que había un segundo diario del lado de la mesa donde su madre estaba sentada, en la esquina—. ¿Cuál es el otro diario? —preguntó la hija. Este fue otro momento santo—. Este es mi propio diario de vida —su madre respondió—. Creo que es hora de que empiece yo a soñar de nuevo.

***

Emmanuel no era joven pero tampoco un viejo. A sus cincuenta años y gozando de buena salud, esperaba que le quedaran aún muchos años de vida. Tenía vacaciones de más y decidió pasarlas en casa —una semana en total— simplemente descansado, organizándose, desayunando con su esposa en lugar de salir corriendo al trabajo, llevando a sus hijos a la escuela y recogiéndolos cada día. La semana estuvo llena de momentos santos. Cada día cuando volvía a casa luego de dejar a sus hijos en la escuela se iba a dar una caminata. A dos cuadras de donde vivía había un hogar de ancianos. Pasaba a diario por allí de camino al trabajo, pero nunca le había dado mayor importancia. No obstante, hacía un par de semanas había leído un artículo que decía que los residentes de estos hogares recibían en promedio menos de una visita al mes. Así que el martes, al pasar por ahí, decidió detenerse. La verdad es que tuvo que forzarse a hacerlo. Sin embargo, logró vencer su reticencia, entró y se dirigió a la recepción. Fue un momento un tanto incómodo, me dijo ahí mientras estaba en la recepción. —Vivo en el vecindario y hoy tengo algo de tiempo extra, así que me pregunté si ustedes tienen algunos residentes que reciban pocas visitas. Estaba pensando si yo podría visitar a un par de ellos y así alegrar su día un poco —Emmanuel le explicó a la recepcionista—. Eso es muy considerado de su parte —respondió ella—. Conozco a la persona indicada para eso. —Entonces señaló un pasillo que debía tener unas setenta u ochenta puertas y dijo—: Camine por ese pasillo, escoja cualquier cuarto, toque la puerta y estará en el sitio correcto. Emmanuel sonrió incómodamente y caminó a lo largo del pasillo. Debido a que su cumpleaños era el 21 de enero escogió el cuarto número veintiuno, tocó la puerta y tras escuchar una gruñona voz que le dijo «¡Pase!» procedió a entrar. Sentado en una esquina de la habitación estaba un caballero llamado William Butler. Emmanuel se presentó y le comenzó a hablar. Bill era un hombre fascinante. Hablaron sobre la vida y la familia, los negocios y Dios. Este fue un momento santo hace diez años. Hoy día Emmanuel y Bill son mejores amigos.

***

Joan Binzer trabajaba en una compañía de tarjetas. A menos de tres millas de la compañía había una prisión con cuatrocientos reclusos, lo peor de los peores ofensores. Joan trabajó en la compañía de tarjetas por trece años y prácticamente todas las mañanas pasaba por la prisión de camino al trabajo y pensaba en los prisioneros y en lo que habría acontecido en sus vidas para terminar allí. Como madre no podía nada más que pensar en lo duro que debía ser esto para las madres de los reclusos. Cuando llegó el mes de mayo, ese año, Joan tuvo una idea. Fue donde su jefe y le dijo: —¿Qué tal si para nuestro trabajo de servicio comunitario este trimestre llevamos tarjetas del día de la madre a la prisión para que los reclusos las envíen a sus madres? El jefe de Joan le dijo que contactaría la prisión para hacerles la propuesta y le avisaría luego. La semana siguiente le dijo que el director de la prisión apoyaba la idea y que además estaba muy agradecido. La semana siguiente, Joan y nueve de sus colegas fueron a la cárcel con doscientas tarjetas para el día de la madre pensando que no todos los prisioneros iban a querer participar. No obstante, rápidamente se hizo evidente que lo supuesto era totalmente incorrecto. Antes de que Joan ayudara a doce prisioneros a escoger una tarjeta para sus madres le habían preguntado ya siete veces: —¿Está bien si escojo dos? —Joan se armó de valor para preguntar de vuelta a uno de los prisioneros—: ¿Señor, cuál es su nombre? —¡Jimmy Johnson, señora! —contestó. Joan preguntó de nuevo—: ¿Por qué quieres dos, Jimmy? —Bueno, mi madre hizo lo mejor que pudo, pero ella tenía sus propios problemas, entonces sobre todo fui criado por mi abuela. ¡Así que pensé que si ustedes están de acuerdo me gustaría también enviar una tarjeta a mi abuela! —Joan tuvo que contenerse para no estallar en lágrimas. Ese día había cuatrocientos prisioneros en la cárcel y cada uno escribió una tarjeta del día de la madre. Estos fueron cuatrocientos momentos santos. De hecho, Joan y su compañía terminaron enviando 657 tarjetas del día de la madre para los reclusos. En total fueron 1057 momentos santos.

***

Martin Coster recoge a Michael Williams, de setenta y ocho años de edad, cada miércoles por la noche para llevarlo al curso de Biblia. Esto es un momento santo.

***

Cuando Mary Wright pasa por el autoservicio cada mañana para comprarse un café, le paga a la persona que está haciendo fila detrás de ella. Lo hace cada día. Cuando le pregunté el porqué, ella contestó: «Supongo que hay muchas razones. Necesitamos cuidarnos entre nosotros. Muchas personas han sido generosas conmigo a través de mi vida de formas asombrosas y a través de pequeños detalles. La gente necesita saber que hay personas generosas y consideradas en el mundo; y, en definitiva, creo que mi consideración y generosidad son contagiosas y pueden cambiar el mundo». Este es uno de los momentos santos del día en la vida de Mary y tiene razón, los momentos santos son contagiosos.

***

Tony Harris ha descubierto algo sobre sí mismo a través de los años, que es un oyente impaciente. Constantemente se encuentra a sí mismo queriendo intervenir en las conversaciones, interrumpiendo y expresando su opinión. Por cuatro años, tres veces al día, ha estado intentando, de forma consciente, dejar de hacer esto. Esos son muchos momentos santos creados a base de paciencia. «Tan solo enfocándome en cambiar este hábito horrible que desarrollé a lo largo de mi vida me volví más paciente con mi esposa, mis hijos, mis colegas, mi pastor y con los desconocidos que cruzan mi camino y que, para ser honesto, me irritaban tanto». Los momentos santos no pueden ser contenidos; impregnan cada relación y cada aspecto de nuestras vidas.

***

Anastasia Petrov es una inmigrante rusa y una enfermera. «Yo amo América», me dijo con su sonrisa de sesenta y dos años. Hace pocos años una de las otras enfermeras en el hospital fue diagnosticada de cáncer y tuvo que dejar de laborar temporalmente. Anastasia no la conocía muy bien, pero sabía que tenía tres hijos y que ella necesitaba trabajar. Las políticas del hospital permitían a una enfermera que estuviera enferma tener seis semanas sin trabajar con goce de salario, pero después de ese lapso ya no lo recibiría. Un día durante el almuerzo Anastasia escuchó a algunas de las otras enfermeras hablando de participar en uno de esos proyectos de beneficencia en línea para ayudar a la gente. —¡Podemos hacer algo mejor que eso! —Anastasia les dijo a sus colegas. Todas se volvieron y la miraron fijamente. Anastasia era normalmente una mujer reservada. Le gustaba escuchar. Muchos de los recesos para almorzar transcurrían sin que ella pronunciara una sola palabra. Tal vez era un aspecto de su personalidad o tal vez era el resultado de haber sido educada en la Rusia Soviética. —¿Qué quieres decir? —finalmente una de sus colegas le preguntó—. Todas ustedes quieren mucho a Jane (la enfermera enferma). Siempre está haciendo cosas buenas para otras personas. Todas tenemos tres turnos de doce horas a la semana; todo lo que necesitamos hacer es encontrar tres enfermeras voluntarias para hacer un turno extra cada semana y Jane puede continuar recibiendo su salario hasta que se recupere y pueda regresar al trabajo. —Las otras enfermeras se quedaron viéndola boquiabiertas con admiración—. Organizaré el horario —Anastasia agregó. Y efectivamente lo hizo. Cada semana mientras Jane estaba discapacitada, Anastasia encontró tres enfermeras que podían hacer un turno extra cada semana y Jane continuó recibiendo su salario de forma completa. Supe esto por Sophia, otra de las enfermeras en el hospital. —¿Cuánto tiempo Jane estuvo fuera del trabajo? —le pregunté a Sophia—. Tres años —me respondió con una sonrisa—. Anastasia es una santa —afirmó con una sonrisa. ¡Ni que hablar de momentos santos! Me imagino que Anastasia provocó en cadena unos diez millones de momentos santos durante ese almuerzo aquel día.

***

Aquí te presento algunas historias maravillosas, pero no quiero darte la impresión de que cada momento santo debe ser gigantesco y heroico. Los momentos santos vienen en todo tipo de tamaños y formas, pero la gran mayoría de ellos son pequeños y anónimos.

- Comienza cada día con una pequeña oración agradeciéndole a Dios por darte un nuevo día de vida. Ese es un momento santo.

- Pon el máximo esfuerzo por hacer algo por tu esposa que no te apetece hacer, como un acto intencional de amor. Ese es un momento santo.

- Ofrece la tarea que menos disfrutas en tu día a Dios como una oración por alguien que está sufriendo. Ese es un momento santo.

- Controla tu carácter, aun si tienes una justificación para enfadarte. Este es un momento santo.

- Antes de tomar una decisión pregúntate: «¿Qué me ayudará a ser una mejor versión de mí mismo?». Esto es un momento santo.

- Alienta a alguien, ayuda a alguien a lograr sus metas, elogia a alguien, haz que alguien se sienta comprendido y validado. Esos son momentos santos.

- Sé paciente con aquella persona que te saca de tus casillas. Ese es un momento santo.

- Asume las tareas de alguien. Ese es un momento santo.

- Enséñale a alguien cómo orar. Este es un momento santo.

- Da a alguien un libro para mejorar su vida. Ese es un momento santo.

- Pide a Dios que te conduzca y te guíe. Ese es un momento santo.

- Cuéntale a alguien tu historia de fe. Este es un momento

santo.

- Permanece tranquilo en medio de una crisis. Ese es un momento santo.

- Escoge ser la mejor versión de ti mismo, aun cuando te pareciera que no te gusta. Esto es un momento santo.

- Escoge algo saludable para comer. Ese es un momento santo.

- Recicla. Ese es un momento santo.

- Sé honesto contigo mismo sobre tus hábitos autodestructivos. Ese es un momento santo.

- Dile a Dios que confías en que Él tiene un gran plan para ti y para tu vida. Ese es un momento santo.

- Dale a quien tienes al frente tu completa atención. Ese es un momento santo.

***

Los momentos santos son posibles. La santidad es posible. Esta es una bella verdad y la verdad nos anima. Esta es también la verdadera voluntad de Dios. En la primera carta de san Pablo a los Tesalonicenses leemos: «Porque la voluntad de Dios es que ustedes sean santos» (1Ts 4,3). No te dejes neutralizar por la mentira más grande en la historia del cristianismo. Rechaza esa mentira a diario y abraza cada momento santo que se te presente en tu camino.

Pero primero tengamos un momento de honestidad pura, sin ningún filtro. La verdad es bella, pero también puede ser inconveniente, incómoda, e incluso desconcertante. Así que déjame hacerte una pregunta: ¿has pensado anteriormente que la santidad era posible para ti?

Si tu respuesta es no, entonces estoy realmente entusiasmado por lo que te espera en el futuro. La santidad es posible para ti. Esta profunda, única y bella verdad cambiará tu vida para siempre.

Así que oremos juntos, ahora mismo: «Señor, por favor, te ruego que nunca permitas que me olvide de que la santidad es posible, y dame la gracia y el coraje para ir por el mundo y crear contigo tantos momentos santos como sean posibles. Amén».

Las oportunidades para crear momentos santos se encuentran en todos los sitios. De hecho, cada momento es una oportunidad para la santidad. Aprender a aprovechar estas oportunidades, momento a momento, debe ser algo central en la vida cristiana.

La santidad es posible. Esta es la buena noticia de la que deben convencerse y que deben recordar todos los cristianos dondequiera que estén. Esta es la buena noticia que nos levantará de nuestro estado neutralizado, pasivo e inactivo y que abrirá nuestros corazones, mentes y almas a una nueva y maravillosa realidad. Esta bella y singular verdad nos transformará en personas de posibilidades.

Parte de esta nueva realidad es el gozo que viene de vivir el Evangelio. La mentira de que la santidad no es posible nos aleja del gozo que Dios quiere que experimentemos. No necesitas trabajar arduamente creando momentos santos por meses enteros o incluso por años antes de que comiences a experimentar este gozo; es inmediato. Cada momento santo trae consigo una inyección de gozo. Cada momento santo es, en sí mismo, su propia recompensa.

¡La santidad es posible para ti! Puedes colaborar con Dios para crear momentos santos. Inténtalo hoy. En el proceso te convertirás en una mejor versión de ti mismo, y ayudarás a otros a convertirse en una mejor versión de ellos mismos y a hacer del mundo un mejor lugar. No eches otro momento por la borda, recuérdate una y otra vez que esto es posible. La cultura moderna dice que la santidad no es posible. Es una mentira. Puedes crear un momento santo que pruebe que la santidad es posible para ti. La cultura moderna les ha robado a millones de personas la felicidad al desalentarlos en su cristianismo y convencerlos, con esta única mentira, de que la santidad no es posible. Pero hoy es un día de liberación. Espero que hoy te hayas liberado de esta mentira y que como resultado el mundo entero luzca distinto.

La santidad es posible para ti. Esta hermosa verdad es lo opuesto a la mentira neutralizante que ha paralizado a tantos cristianos y a sus comunidades. No sería una sorpresa que una de las grandes verdades en la historia del cristianismo sea exactamente lo opuesto a la más grande mentira en la historia del cristianismo. La santidad es posible, un momento a la vez. Esta bella verdad puede cambiar tu vida para siempre, comenzando hoy mismo, en este preciso instante.

Pero esto va más allá de ti y de tu comunidad en la Iglesia. Miremos cómo esta singular idea cambió el mundo hace dos mil años y cómo puede cambiar el mundo de nuevo en nuestros tiempos.

9

EL MUNDO NECESITA CAMBIAR

Todos saben que el mundo necesita cambiar. Los padres están preocupados por el mundo en el que sus hijos están creciendo. Los abuelos a menudo me cuentan que tratan de no pensar mucho en el mundo en el que sus nietos van a crecer, ya que eso los pone ansiosos.

No conozco a nadie que piense que el mundo está realmente bien, ni tampoco conozco a nadie que piense que nuestra cultura se está moviendo en una dirección prometedora para todos los hombres, mujeres y niños. Parece haber un consenso universal con respecto a que el mundo necesita un cambio.

El principal problema tiene que ver con el papel del cristianismo en el mundo moderno, donde la mayoría de los cristianos ya no cree que es capaz de llevar a cabo este cambio. Este es un resultado directo del hecho de que los cristianos, en gran medida, no creen que la santidad es posible. Pero también esto está conectado profundamente a la falsa creencia, ampliamente compartida por los cristianos, de que la cultura ha llegado a ser tan poderosa, que simplemente somos incapaces de transformarla. Esto lleva a algunos a plantear que la cultura ha traspasado todo límite y que la única solución es la segunda venida de Jesucristo. Este es un trágico derrotismo, la antítesis del espíritu cristiano y, al mismo tiempo, una desconcertante forma de pereza espiritual. No es nada más que el fruto de la más grande mentira en la historia del cristianismo. Es solo porque nos han engañado haciéndonos creer que la santidad no es posible, que le damos cabida a la idea de que la cultura es demasiado negativa y fuerte como para ser transformada por el cristianismo.

El mundo necesita ser transformado, y nadie está en mejor posición de hacerlo que los cristianos. En efecto, se podría argumentar que, si los cristianos no transforman el mundo, este no cambiará para algo mejor.

Los momentos santos de cada día, de la gente común y corriente, como tú y como yo, son los que cambiarán el mundo de nuevo. Digo «de nuevo», ya que nuestros ancestros en la fe, los primeros cristianos, cambiaron ya el mundo una vez. La cultura que tuvieron que superar y transformar era aun más brutal que la de hoy y al hacerlo, crearon un modelo para la transformación cultural, el cual toda generación de cristianos debería consultar en detalle. Pero la esencia de este legado es la idea que la santidad es posible.

Lo que estoy a punto de decir no es una exageración. El cristianismo y el mundo resurgirán o sucumbirán, dependiendo de la posibilidad, aún no sopesada, de que la gente común y corriente sea capaz de colaborar con Dios en medio de las cosas más ordinarias de nuestra vida, para crear momentos santos a diario.

En todo momento y en todo lugar en que los cristianos han tomado seriamente la idea de que la santidad es posible, el cristianismo ha dado frutos. Y, por el contrario, en todo momento y lugar en donde ha prevalecido la mayor mentira en la historia del cristianismo y la santidad cotidiana se ha desestimado, el cristianismo ha andado a tientas, sin causar ningún impacto significativo o bien, ha llegado a estancarse. Por ejemplo, hoy día en Europa, peor que un impacto limitado o un estancamiento, estamos siendo testigos de que el cristianismo está retirándose de la cultura.

La sola idea que la santidad es posible, comunicada con eficacia a los cristianos de todas las edades y divulgada a gran escala, es suficiente para cambiar el rumbo del cristianismo en nuestra sociedad.

Al mismo tiempo, el cristianismo necesita un serio reacondicionamiento de su imagen en las sociedades modernas alrededor del mundo. Son demasiadas las personas que han aceptado una buena parte de las mentiras que han prevalecido en la sociedad. El resultado es que el cristianismo es visto, en el mejor de los casos, como una cosa del pasado que ya no es relevante en el mundo moderno y en el peor de los casos, como una influencia muy negativa.

Así que se requerirá de un brillante esfuerzo estratégico para reposicionar el cristianismo en el centro de la cultura moderna. Pero las estrategias más brillantes son a menudo simples, y la simplicidad que debe estar en el centro de cualquier estrategia que acordemos adoptar es la de los momentos santos. No es imposible reestablecer una identidad viva y dinámica para el cristianismo en la sociedad moderna, pero requerirá de una humildad llena de gracia, de la cooperación y de la disciplina de todo cristiano, y especialmente de nuestros líderes.

Ahora volvamos al punto inicial de este capítulo. Todos reconocen que la necesidad de cambio en el mundo es inminente. Podemos estar en desacuerdo con nuestros hermanos no cristianos sobre los cambios que son necesarios, pero la necesidad de un cambio es en sí indiscutible. Y, por tanto, la clave para reposicionar el cristianismo como una fuerza increíblemente positiva y poderosa en nuestra cultura es, como me gusta llamarlo, un asunto del 100 por ciento. Un asunto del 100 por ciento es uno con el que ningún hombre sensato y de buena voluntad puede estar en desacuerdo. Por ejemplo, creo que ningún niño en los Estados Unidos debería irse a dormir con hambre. Este es un asunto de un 100 por ciento.

(Yo creo, por supuesto, que ningún niño en ninguna parte del mundo debe irse a la cama con hambre, pero comencemos con los Estados Unidos, y quedémonos con esta afirmación a manera de ejemplo).

Si yo digo que ningún estadounidense debería irse a acostar con hambre, no sería más un asunto del cien por ciento. Algunas personas argumentarían que mucha de la gente que anda con hambre y deambulando por las calles es vaga y viciosa, y que son ellos los que han optado por llevar ese estilo de vida. Tal vez es cierto. No lo sé. En realidad, no importa ahora, ya que mientras algunas personas pueden discrepar en cuanto ese punto, *todos están de acuerdo que ningún niño estadounidense debería irse a la cama con hambre.* Este es un asunto del 100 por ciento, lo cual implica que nadie puede estar en desacuerdo contigo sin, al menos, parecer tonto.

El mundo necesita cambiar, y ningún grupo de personas está en mejor posición de cambiar el mundo que los cristianos, pero necesitamos reacondicionar nuestra imagen. La forma más rápida para lograrlo sería colocarnos al lado derecho de un asunto del 100 por ciento, defendiéndolo y conquistándolo. Lo bello de esto es que para hacerlo no tendríamos que fingir ni mentir; porque responde a la esencia de lo que somos. Muchos políticos andan siempre buscando un asunto del 60/40 por ciento, y luego se posicionan en el 60 por ciento, sin tomar en cuenta lo que consideran bueno, verdadero y justo.

Si independientemente de nuestras denominaciones o diferencias teológicas, como cristianos nos uniéramos, conformáramos una sola fuerza y dijéramos: «En los próximos diez años vamos a terminar con el hambre infantil en los Estados Unidos», podríamos hacerlo. Necesitaríamos dejar de lado nuestras diferencias teológicas y religiosas, pero con toda seguridad, cualesquiera que estas sean, podemos coincidir en que Jesús no quiere que ningún niño en los Estados Unidos se vaya a la cama con hambre hoy. Podríamos hacer esto. Los cristianos podríamos lograrlo. En efecto, somos el único grupo que probablemente podría hacerlo.

Los políticos han estado intentando por décadas terminar con el hambre infantil en este país y han fallado miserablemente. Uno de cada cinco niños estadounidenses se va a la cama con hambre cada noche. ¿Cómo puede alguien aceptarlo, independientemente de su credo religioso o afiliación política? No se puede. Es un asunto del 100 por ciento.

Como cristianos podríamos liderar el cometido, y la presión social y política para que cada otro grupo en el país se una a nosotros en el esfuerzo sería arrolladora e innegable. Aun grupos como las compañías *Fortune 500* y el *United Way*, que cada vez más rehúyen el apoyo a iniciativas basadas en la fe, estarían bajo una tremenda presión de participar.

Acabaríamos con el hambre infantil en los Estados Unidos. Insisto, para que esta idea cale: acabaríamos con el hambre infantil en los Estados Unidos.

En el proceso, podríamos cambiar completamente la imagen del cristianismo en este país y alrededor del mundo. No más seríamos vistos como una gente masivamente dividida que *habla sobre* hacer buenas cosas; podríamos ser vistos como líderes modernos comprometidos a cambiar el mundo abordando un problema a la vez.

La otra ventaja es que aprenderíamos de la unidad del cristianismo. No lo lograremos simplemente hablando de ello. No lo conseguiremos debatiendo sobre diferencias teológicas. La unidad del cristianismo solo puede alcanzarse practicando la unidad cristiana, dedicando tiempo para compartir juntos y trabajando hombro a hombro para hacer del mundo un mejor lugar. Y escúchame cuando digo esto: el futuro del cristianismo alrededor del mundo depende de esta unidad. Ya no es solamente una bella idea; es moralmente imperativo; su futuro depende de ella. La existencia misma del cristianismo se verá amenazada en nuestros tiempos.

Todos saben que el mundo necesita cambiar. Nuestros problemas internos y los cambios que enfrentamos externamente en la sociedad son significativos. No hay tiempo que perder. Los momentos santos son la solución. ¿Puede una sola idea cambiar el mundo? Sí, y esta es la idea. La santidad es posible para ti. Convence a tan solo el veinte por ciento de los cristianos estadounidenses de este concepto único, logra que hagan suya la práctica diaria de crear momentos santos, y en doce meses viviremos en un país y en una cultura muy diferente.

¿Está el mundo enredado, un poco, al menos? Sí. ¿Tienen muchos un panorama sombrío? Sí. ¿Deberíamos los cristianos tener un panorama sombrío? ¡Definitivamente no! Los cristianos son personas de esperanza, personas de posibilidades. Así que tengan valor, mis amigos, y juntos dispongámonos a cambiar el mundo como lo hicieron los primeros cristianos.

¿El mundo necesita de un cambio, ¿sí o sí? Y nadie es más capaz de transformar el mundo que los cristianos. Los momentos santos, mis hermanos y hermanas, son lo que el mundo necesita. No hay nada que acontezca en el mundo de hoy que los cristianos, en colaboración con Dios para crear momentos santos, no pueden superar. Si nos dedicamos a este modo de vida, el futuro de la humanidad será brillante.

***

Todos sienten fascinación ante un resurgimiento. Todos disfrutan la victoria inesperada del que llevaba las de perder. En cierto sentido, el cristianismo ahora es el menos favorecido, pero no es del agrado de todos. Es, sin embargo, el momento para un resurgimiento del cristianismo.

El mundo nos ha descartado. Muchos de nuestros hermanos cristianos se han dado por vencidos. Pero yo no me he dado por vencido. Ni en lo más mínimo. Y no solo no me he rendido, sino que puedo ver el camino de regreso. El camino yace ante nosotros. No es un camino fácil, pero el futuro de la humanidad está en juego.

Podemos quedarnos aquí, riñendo entre nosotros sobre cosas que de aquí a cien años prácticamente no le importarán a nadie, mientras nuestros enemigos conquistan el mundo. O podemos sanar nuestras heridas y unirnos como cristianos y luchar para abrirnos paso hacia la luz, un momento a la vez. La historia se construye de momento en momento. Cada momento es un momento de luz o un momento de oscuridad, un momento cristiano o un momento no cristiano, un momento santo o un momento no santo. No puedo hacer que lo hagas, pero caminaré a tu lado y te alentaré, y te pido que camines a mi lado y me alientes, porque esto es lo que los hermanos cristianos han estado haciendo por dos mil años, y eso es lo que significa ser una comunidad de cristianos.

Nuestros enemigos están intentando erradicarnos de la superficie de la Tierra, literalmente. Nuestros enemigos no están a la puerta, ya están adentro. Los enemigos del cristianismo están intentando asegurarse de que el cristianismo no tenga futuro. ¿Vas a dejarlos que hagan eso? ¿Cómo los detendremos? No lo sé exactamente, pero sé esto: o nos sanamos o moriremos. O nos unimos como cristianos a pesar de nuestras diferencias, o nuestros enemigos ganarán y nuestros nietos y sus nietos vivirán en un mundo verdaderamente postcristiano. Roguemos por la unidad de los cristianos, ya que esta es la clave para nuestra supervivencia. Es hora de que todos comencemos a orar y a trabajar para conseguir la unidad del cristianismo. Simplemente es mucho lo que está en juego.

Puedes pensar que esto es solo un planteamiento retórico o que estoy exagerando para demostrar que tengo la razón. No te dejes engañar. Esto no es ni retórica prematura ni exageración. Esto está pasando ahora mismo, en nuestros tiempos. Podemos enterrar nuestras cabezas en la arena, o podemos permanecer unidos y decidir hacer algo al respecto.

Hay una expresión que dice: «Si el muerto volviera a vivir, de pena volvería a morir». Esto significa que estaría tan disgusta-do al enterarse de lo que está pasando que no lo aguantaría. Yo sé que eso mismo les sucedería a los padres fundadores de esta gran nación, disgustados con nosotros por haber permitido que las cosas llegaran tan lejos. Yo sé lo que ellos harían si ellos pu-dieran levantarse por tan solo un día, una semana, un mes o un año. Sé que tú lo sabes también. Pero ellos no pueden hacerlo. ¿O lo pueden hacer? Pienso que sí. Pienso que los padres fundadores pueden levantarse y llenarnos a ti y a mí con su valor y su carácter para que podamos ponernos de pie y decir: «Basta. Es suficiente. Este sinsentido se ha prolongado durante mucho tiempo y ha ido demasiado lejos». Los padres fundadores tuvieron su momento, y en ese momento se aseguraron de que esta nación gozara de libertad de culto. Nuestra libertad religiosa como cristianos está siendo amenazada como nunca, y el riesgo es mucho mayor de lo que la persona común está consciente.

Los cristianos tienen una decisión que tomar: ¿nos sentaremos pasivamente y dejaremos que esto ocurra o haremos todo lo que esté en nuestro alcance para asegurarnos de que los seguidores de Jesucristo gocen de libertad para vivir sus enseñanzas de genera-ción en generación? La respuesta está en nuestras manos.

En este momento es esencial que resistamos la tentación de bus-car soluciones mundanas a los problemas espirituales. Podríamos involucrarnos estrechamente en el proceso político, pero nuestro enfoque principal debe permanecer en la transformación espiri-tual. Los momentos santos son la respuesta. El mundo necesita de momentos santos.

El mundo cambiará. Siempre lo ha hecho. La pregunta es: ¿cam-biará para mejor? Tú y yo, momento a momento, le damos respues-ta juntos a esta interrogante. Así que vayamos afuera y comence-mos a crear momentos santos.

10

SE HA LOGRADO ANTES

Las cosas más difíciles de hacer son las que nunca se han hecho antes. En la mayor parte de los casos, si algo se ha logrado antes, tienes acceso a una riqueza de conocimiento sobre la mejor forma de abordar la tarea que tienes entre manos. Puedes aprender de los errores de alguien y beneficiarte de sus intentos y desaciertos. Es mucho más difícil hacer algo que no ha sido hecho antes, ya que no dispones de ninguna guía, de investigaciones ni mapas, ni siquiera de ningún experto para mostrarte el camino o indicarte la dirección correcta.

En el mundo empresarial nos referimos a esta idea con frases como «hambre por las mejores prácticas» y «compromiso con el mejoramiento continuo». Estos no son conceptos modernos de negocios. Los

cristianos hemos estado practicando estos conceptos por casi dos mil años.

Toma, por ejemplo, una catedrática bíblica del siglo XXI. Ella no parte de la nada, con una hoja en blanco y una Biblia. Los estudiosos modernos de la Biblia están apoyados en todos los aportes de los gigantes que les precedieron. Ellos comienzan su camino estudiando los descubrimientos de los grandes eruditos bíblicos en la historia.

En su forma más básica, piénsalo de esta manera: un estudioso de la Biblia (que llamaremos A) estudió la Palabra de Dios por cincuenta años y era ampliamente considerado como el erudito bíblico más influyente de su época. Una estudiosa de la Biblia (que llamaremos B) nació treinta años antes de que el estudioso bíblico A muriera, y comenzó a estudiar la Biblia a nivel intelectual el mismo año que el erudito A muere. ¿Va la estudiosa bíblica B a comenzar a estudiar desde el inicio como lo hizo el estudioso A hace cincuenta años? Espero que no. Espero que base sus estudios en los logros de A y de todos los mejores eruditos bíblicos del pasado, que aprenda, tan rápido como sea posible, todo lo que pueda sobre lo que él aprendió, para poder contribuir a un mayor avance de la comunidad cristiana, gracias al entendimiento colectivo de la genialidad que encierra la Palabra de Dios.

Eso es el hambre por las mejores prácticas y el compromiso con el mejoramiento continuo, conceptos que los cristianos estuvieron practicando por cientos de años antes de que fueran alguna vez mencionados en el contexto de negocios.

¿Tenemos retos ante nosotros? Sí, grandes retos. ¿Son retos originales que nunca han sido superados? No. Los primeros cristianos, nuestros antiguos antecesores, tuvieron que lidiar con situaciones similares, pero los escenarios que encararon fueron peores de los que hoy en día enfrentamos. Los primeros cristianos fueron gigantes en este sentido y nosotros nos vamos a parar sobre sus hombros; es decir, vamos a apoyarnos en sus logros para aprender de ellos, al estimular nuestra hambre por las mejores prácticas y nuestro compromiso de mejorar continuamente. Lo que ellos aprendieron nos permitirá responder, mejor que nunca, a los retos a los que hoy enfrentan el cristianismo y la sociedad.

Se ha logrado antes, y eso, mis amigos, es otra cosa bella, ya que al transformar su cultura y el mundo, los primeros cristianos nos dejaron un modelo. Vamos a usar ese modelo para hacerlo de nuevo.

Ahora, oigo a alguien decir, «Pero la cultura es mucho más poderosa hoy día, así que el trabajo que tenemos ante nosotros es infinitamente más difícil de lo que fue para los primeros cristianos». Tal vez. Siempre me gusta estar abierto a la idea de que puedo estar equivocado. Lo encuentro saludable, ya que me ayuda a crecer, a aprender y a desarrollar lazos más fuertes con mis amigos cristianos y no cristianos.

¿Nos será más fácil o más difícil transformar la cultura y cambiar el mundo de lo que fue para los primeros cristianos? Más fácil, pienso. Escucho a alguien preguntar por qué, y eso está bien. Tener la curiosidad de los niños es algo bello. Creo que si podemos reunir la misma convicción y el mismo compromiso de los primeros cristianos, será más fácil. ¿Por qué? Por tres razones:

1. Tenemos derechos legales que los primeros cristianos no tenían.
2. Hay más de nosotros.
3. Disponemos de la misma tecnología que ha sido usada tan poderosamente contra el cristianismo, y le podemos sacar partido ahora para Dios y para el bien.

¿Entonces por dónde comenzamos? Podemos comenzar explorando la estrategia que hizo a los primeros cristianos fenomenalmente exitosos. Ahora, es importante reconocer que es poco probable que los primeros cristianos tuvieran sesiones de planificación estratégica. El Espíritu Santo actuaba poderosamente en su interior. ¿Significa esto que no deberíamos desarrollar una estrategia bien pensada? No. ¿Esto significa que el Espíritu Santo no ejercerá su poder en y a través de nosotros? No.

Mirando atrás, la estrategia de los primeros cristianos parece haber sido muy simple. Los cambios radicales usualmente lo son. Con el fin de abrirse paso a través de la complejidad y de la burocracia y de obtener gran aceptación, los cambios radicales deben ser extremadamente simples. Las estrategias complicadas no logran ser ampliamente aceptadas ni masivamente adoptadas. La belleza de los momentos santos es que son extraordinariamente simples.

¿Cuál fue la estrategia de los primeros cristianos? Ellos vivían de forma distinta, trabajaban de forma distinta y amaban de forma distinta que como lo hacían todos los demás a su alrededor. Es importante entender que esto posiblemente sucedía muy naturalmente. Los primeros cristianos no se propusieron crear esta dinámica, pero al vivir, trabajar y amar de forma distinta, se diferenciaron de maneras muy impactantes y atractivas.

El poder del contraste fue uno de los mejores amigos del cristianismo. La cultura del siglo primero era brutal. Más allá de la élite que tenía todo el poder, las personas eran tratadas como objetos, cuyo propósito principal era cubrir las necesidades del Imperio romano, cualesquiera que fueran. Esa cultura fría, dura, brutal y profundamente impersonal creó de hecho la oportunidad perfecta para que el cristianismo brillara y se destacara por contraste.

A diferencia de la brutal cultura del siglo I, el cristianismo y los primeros cristianos eran cálidos, acogedores, gentiles y generosos, y la cultura cristiana de entonces era profundamente personal. En una palabra: el cristianismo era atractivo. Los primeros cristianos cautivaron a la gente de su época con su abnegación en medio de una cultura en donde todos parecían exclusivamente preocupados por sus propios intereses. Que un cristiano dejara de lado sus intereses personales para ayudar incluso a extraños y a esclavos era tan desconcertante como atractivo. Los primeros cristianos capturaron el interés de su época con su amor. Tomaron seriamente el mandato de Jesús de que sus discípulos serían conocidos por su amor mutuo y hacia los demás.

El siglo I estuvo dominado además por un sistema jerárquico muy estricto, que creó una desigualdad masiva, mientras que en las primitivas comunidades cristianas cada miembro tenía el mismo estatus. Aun al más humilde esclavo se le daba la misma dignidad y estatus que al miembro más adinerado de la comunidad cristiana. Y cuando las comunidades se alejaban de esta unidad e igualdad, Pablo estaba presto a exhortarlos (cfr. 1 Co 11,8-22).

También, la miseria de esta época hacía de la enfermedad algo común e incluso la más simple infección podía atentar contra la vida. A menudo esto conducía a la completa destrucción de la familia, pues muchos de los que se enfermaban y que no podían trabajar simplemente morían. Si el proveedor de la familia fallecía, y tenía hijos con edad para trabajar, era factible que los hijos pudieran proveer a un nivel mínimo para la familia, pero muy frecuentemente las esposas y las hijas se veían forzadas a venderse como prostitutas simplemente para sobrevivir.

Pertenecer a la comunidad cristiana era, de muchas maneras, el primer tipo de red social no ligada a un grupo familiar. Las comunidades cristianas cuidaban de los enfermos, los curaban y proveían para sus familias hasta que los enfermos se recuperaran y pudieran ser capaces de volver al trabajo. Por su parte, aquellos que se habían beneficiado de este extraordinario amor y apoyo podrían dar a los otros un amor y un apoyo similar a otros necesitados.

Los momentos santos han constituido una parte esencial del diario vivir del cristianismo desde sus inicios.

La idea de pertenecer a una comunidad donde todos se cuidaban entre sí era muy atractiva, en comparación a la ansiedad constante que generaba el tener que arreglárselas por cuenta propia. Este mutuo apoyo social era asombrosamente atractivo para la gente de los primeros siglos del cristianismo. Caía en la categoría de lo que llamaríamos hoy «demasiado bueno para ser cierto». Pero era real y verdadero y una posibilidad abierta para todos los hombres, mujeres y niños independientemente de su estatus social o financiero en la sociedad.

Pero no era todo positivo. Cualquiera que se convirtiera al cristianismo en el siglo I, fuera romano o no, era también objeto de exclusión social, de la hostilidad de los vecinos y de la posibilidad de persecución.

Sería también un error considerar que el componente espiritual haya sido, durante los primeros siglos, el único factor determinante para el éxito del cristianismo en su forma más temprana. Si bien el cristianismo estaba profundamente arraigado a la vida, muerte, resurrección y enseñanzas de Jesucristo, su éxito iba más allá de las meras enseñanzas espirituales de Jesús. Ten presente que los primeros cristianos no tenían Biblias ni templos, pero se tenían los unos a los otros.

El elemento fundamental que necesitamos tener muy claro es que los primeros cristianos se diferenciaban notablemente de la cultura dominante de su época. Los cristianos modernos se integran sin hacerse notar, y esto necesita cambiarse si vamos a establecer una identidad nueva, vibrante y positiva, en medio de una cultura que es proactivamente hostil hacia el cristianismo.

¿Cómo hacemos esto? Inspirando a cada persona y cada entorno en nuestro camino con momentos santos. Es hora de que los cristianos asombremos al mundo con nuestra generosidad, bondad, valor, consideración y cuidado desinteresado para los débiles, los pobres y los olvidados.

Es hora de despertar. Frecuentemente a nivel individual andamos como sonámbulos por la vida, pero como cristianos parece que nos hemos dormido colectivamente. Es hora de que nos despertemos. El enemigo no está en la puerta. El enemigo ya la ha traspasado.

El cristianismo está siendo atacado por el secularismo y la intolerancia y por muchas otras fuerzas a las que les gustaría verlo borrado de la faz de la Tierra. Pero aun en medio de estos ataques tan bien organizados y ejecutados contra la fe cristiana, hay algunos aspectos del cristianismo que son intangibles.

Entre los varios aspectos intangibles de nuestra fe, hay uno que me cautiva de forma especial, es una idea muy sencilla pero profunda: no hay nada más atractivo que la santidad. Cuando alguien vive de verdad las enseñanzas de Jesucristo se torna prodigiosamente atractivo para todos los hombres y mujeres de buena voluntad.

En 1950 una maestra albanesa entró en la clase de silencio, se sentó en oración con Dios y dijo: «Señor, el mundo parece estar algo caótico ¿cómo puedo ayudar?». Se llamaba Agnes y sintió que Dios la estaba llamando a trabajar con la gente pobre. Agnes no fue a su comedor de beneficencia local. Fue donde estaba la miseria y la inmundicia de los peores vecindarios de Calcuta, India. Se despertaba cada día, trabajaba con los olvidados, los más pobres entre los pobres, las víctimas de SIDA, y cuidaba de ellos como si fueran el mismo Jesús. A lo largo de veinte años ella capturó el interés del mundo entero. La mayoría de la gente conoce a Agnes como la Madre Teresa. Ella fue amada, admirada y apoyada por hombres, mujeres y niños de todos los credos, y por aquellos sin fe. ¿Por qué? ¿Cómo? Es simple, realmente. No hay nada más atractivo que la santidad. Cuando alguien de verdad vive sin reservas las enseñanzas de Jesús, capta la atención de las personas de su edad, ya que los momentos santos son universalmente atractivos.

Los momentos santos son la respuesta de todos los problemas del mundo. ¿Cuántos miles de mujeres y de hombres han dejado atrás sus vidas enteras, a ejemplo de la Madre Teresa, para servir a los más pobres de los pobres, un momento santo a la vez? La santidad es posible para ti, y los momentos santos son increíblemente contagiosos. Ellos cambian la vida de las personas y cambian el mundo. Los momentos santos cambian literalmente el rumbo de la historia humana.

¿El mundo necesita un cambio? De seguro que sí. ¿Qué es lo que el mundo necesita? Necesita millones de momentos santos. ¿Con cuántos contribuirás?

Los primeros cristianos cambiaron el mundo. Hemos hablado de cómo lo hicieron y los retos que enfrentaron. Pero hay una cosa en la que me gustaría hacer especial hincapié antes de que sigamos. Los primeros cristianos tenían algo que la gente de su época necesitaba y quería. Cuando alguien se hacía cristiano durante esos primeros años se convertía, al mismo tiempo, en miembro de una comunidad dinámica que proveía beneficios tanto de índole espiritual como temporal, además de protección.

Los primeros cristianos redefinieron sus vidas al permitir que las enseñanzas de Jesús reorganizaran sus prioridades. Esto se manifestaba en formas reales y prácticas. Se hicieron amables, generosos, afectuosos, atentos y pacientes. Pero esto lo hicieron juntos, como comunidades. Entonces tanto individualmente como comunitariamente, ellos estaban viviendo una vida de una forma muy atractiva. Como grupo, los primeros cristianos mostraron una alternativa radical a la gente de su época que estaba anclada en un sistema que trataba a todos, salvo a los de la élite, como animales, más que como seremos humanos de gran valor.

Veamos ahora cómo esta misma dinámica puede materializarse en nuestra propia época y lugar.

11

LA HISTORIA LE PRESENTA UNA NUEVA OPORTUNIDAD AL CRISTIANISMO

Jesús, el Mesías largamente esperado, predicó una sabiduría mística y aplicable a la vida cotidiana, que fue a la vez accesible aun a quienes carecían de educación. El realizó incontables milagros, fue crucificado públicamente y resucitó de entre los muertos. Además, otros factores prácticos contribuyeron a la rápida adopción del cristianismo. Uno fue el asombroso contraste entre lo que el cristianismo ofrecía y lo que la cultura popular tenía para ofrecerle a la persona común. Este contraste creó una oportunidad.

El cristianismo le dio a la gente esperanza para esta vida y la siguiente. La gran oscuridad inminente que se cernía sobre la gente de la Antigüedad era su creencia de que cuando morías, se terminaba todo. Esta creencia también está tomando impulso en nuestro tiempo. El cristianismo anunciaba la buena nueva de que hay vida después de la muerte.

Cuando surgió el cristianismo, este ofreció a las personas una nueva vida, tanto práctica como espiritualmente. Les ofreció una nueva vida en este mundo y en el próximo. En una cultura desesperanzada, el cristianismo ofrecía esperanza. La naturaleza práctica del amor y de la comunidad cristiana fue tan poderosa que abrió los corazones de las personas a Jesús y a la posibilidad de la eternidad.

Hoy en día se le está presentando al cristianismo una oportunidad muy similar. La actual cultura secular se encuentra en bancarrota, y esta quiebra se acrecienta con cada día que pasa. La cultura actual se está convirtiendo en una cultura cada vez más dura, fría, crecientemente brutal, y plagada de una actitud egoísta en la que cada hombre y mujer solo existen para sí mismos. La gente está empezando a estar consciente de ello y está harta.

El cristianismo ha funcionado siempre más por atracción que por promoción. Como cristianos modernos necesitamos dedicarnos a crear momentos santos, a reconocer lo extraordinario en lo ordinario, y a vivir vidas hermosas de simple santidad caracterizadas por la gentileza, la humildad, la consideración, la generosidad, el coraje, la amabilidad, la hospitalidad y el servicio a nuestra comunidad. De esta manera, el mundo querrá construir un camino hacia nuestras puertas, esperando la oportunidad de unirse a nuestras dinámicas comunidades cristianas. Tendremos algo que se necesita y se desea desesperadamente.

Sin embargo, esta no es la forma cristiana en que vivimos hoy en día, y tampoco es la forma en que nuestras comunidades se están relacionando con la sociedad. Los cristianos no son percibidos por la sociedad como gentiles, humildes, considerados, valientes, amables y hospitalarios. Todo esto es bello, atractivo y positivo. Si así fuera, entonces, ¿por qué tantas personas repelen a los cristianos y al cristianismo? ¿Por qué hay tantas personas disgustadas con el cristianismo? ¿Por qué a tanta gente le parece algo negativo, y por qué también tantos sienten que el mundo estaría mejor careciendo de él?

Este retrato ha sido dibujado muy eficazmente por el secularismo, y le hemos seguido directamente el juego a la narrativa negativa de la cultura sobre el cristianismo al conformarnos con la mediocridad espiritual sin luchar por vivir auténticas vidas cristianas. Como resultado tenemos una crisis de identidad. Descifrar cómo llegamos aquí puede ayudarnos a resolver este problema, pero nuestro enfoque debe permanecer firme en cómo resolverlo. La crisis se describe simplemente así: la mayoría de las personas creen que los cristianos y el cristianismo son cosas muy distintas de las que en realidad somos. Debemos mostrarle a la gente de nuestro tiempo lo que realmente significa ser cristiano viviendo vidas auténticamente cristianas.

Esta crisis es el resultado natural de no vivir la fe cristiana en una forma suficientemente dinámica para lograr convencer a la sociedad de que lo que se les ha dicho sobre nosotros es mentira. Esto se ve agravado por nuestra desesperada necesidad de aceptación y estima, lo que nos ha llevado a elegir vivir de forma tal que nos lleve a sentirnos integrados en ambientes de gente sin fe o de creencias antagónicas.

Los primeros cristianos se diferenciaban de la sociedad. Los cristianos modernos se adaptan difuminando su identidad y terminan tomando el aspecto de lo que les es ajeno.

La gran paradoja es que no vamos a detener esta dinámica al manejarlo como un asunto que solo nos incumbe a nosotros. La forma de gestar una imagen nueva y más auténtica del cristianismo es teniendo claro que debe girar en torno a los demás. En los últimos veinticinco años he visitado iglesias en más de cincuenta países. Tantas personas, tantos lugares, tanta bondad, alegría y generosidad; pero también tanto egoísmo, dolor, codicia e injusticia. Sin embargo, lo que mayormente experimenté es que la gente simplemente intentaba que la vida funcionara. Esto me ha llevado a una teoría que será esencial en el renacimiento del cristianismo. Pareciera que las personas que acuden a misa los domingos y aquellas que no lo hacen tienen las mismas diez cosas en su mente. Si pudiéramos hablarles con fuerza y en forma práctica acerca de estas diez cosas, podríamos cambiar el mundo... una vez más.

Esto es lo que intuyo respecto a cuáles son esas diez cosas.

1. *Relaciones*: Casados o solteros, las relaciones son fundamentales en la vida de las personas. La vida se define por relaciones. La mayoría de las personas desea que su relación primordial mejore, pero no saben cómo lograrlo. Muchos han sufrido divorcios tortuosos. Los que no tienen a alguien se preguntan: ¿encontraré a alguien algún día? Los que están casados se preguntan: ¿cómo podemos tener un mejor matrimonio? ¿Aún me amará? ¿Estará tendiendo un amorío? ¿Estará a punto de dejarme?

2. *Familia:* Los padres desean saber cómo ser mejores. Tienen tantas preguntas profundamente personales acerca de la crianza de los hijos y muy pocos lugares en donde encontrar respuestas. Ninguna familia es como la fotografía de la tarjeta de Navidad. Toda familia tiene alguna situación que no desea ver en la portada del periódico matutino del siguiente día. En un momento dado, muchas familias tienen un hijo descarriado que usualmente se endereza, no sin antes causar gran dolor y ansiedad a los padres. Siempre hay algún asunto que resolver entre hermanos. También tenemos a la chica de quince años que entra a la iglesia el domingo por la mañana pensando: «¿Cómo le voy a decir a mis padres que estoy embarazada?».

3. *Salud:* Todos conocemos a alguien con serios problemas de salud. Te sorprenderías al conocer la cantidad de personas

que cuidan de un adulto mayor, quizás a uno de sus padres, o que cuidan a un hermano o a un hijo con necesidades especiales, al mismo tiempo que atienden sus otras responsabilidades. Está la persona que grita en un mundo de indiferencia: «¡Acabo de enterarme que tengo cáncer!». Existen millones de mujeres batallando con los efectos de la menopausia y se sienten desesperadamente solas.

4. *Trabajo:* Pasamos la mayor parte de nuestras vidas trabajando, y la mayoría de las personas no está feliz con su trabajo. Pueden pasarse diciendo: mi jefe es un imbécil. Mis colegas son unos matones. Nuevamente están despidiendo personal y como hombre en sus cincuentas, posiblemente me tienen en la mira. ¿Irán a despedirme? Mis compañeros de trabajo se la pasan compitiendo conmigo y eso hace mi trabajo menos divertido. ¿Cómo le doy más sentido a mi trabajo?

5. *Dinero*: Utilizamos dinero todos los días de nuestra vida. ¿Cómo discernir si debo o no comprar algo? ¿Cómo resisto la presión cultural o de los compañeros que me animan a adoptar un estilo de vida que no ayuda a mi familia o a mí a convertirnos en la mejor versión de nosotros mismos? ¿Cuál es la mejor forma de ahorrar dinero? ¿Cuánto debo ahorrar? ¿Cómo debo invertir? ¿Tendremos suficiente para la jubilación? ¿Lograré pagar la deuda de mi tarjeta de crédito algún día? ¿Qué dirá mi esposo o mi esposa si se entera? ¿Tengo una obligación moral de ahorrar? ¿Cómo decidir cuánto dinero puedo donar? ¿Qué causa me inspira más apasionadamente apoyar financieramente? ¿Debo tomar un trabajo que detesto porque ofrece mejor remuneración?

6. *Adicción:* Difícilmente existe una familia en el planeta que no haya sido afectada de alguna forma por este flagelo. La gente se sienta en la iglesia los domingos meditando en sus

propias adicciones, sintiéndose absolutamente impotente y desesperadamente preocupada de que los demás no se enteren. Todos tenemos adicción a algo: drogas, alcohol, comida, atención, pornografía, compras, vanidad... la lista no tiene fin, pero tú conoces la tuya y yo la mía. Otros se sientan en la iglesia sintiéndose impotentes ante la adicción de algún ser querido o porque se niega a dar la lucha. La adicción será uno de los mayores problemas de los próximos cincuenta años.

7. *Dios, espiritualidad e Iglesia*: Aunque no asistan a la iglesia, estas cosas están presentes en la mente de las personas en distinta medida. ¿Cuál es el significado de la vida? ¿Qué debo hacer para crecer espiritualmente? ¿Qué es lo que Dios me llama a hacer en este momento de mi vida? ¿Por qué no me gusto a mí mismo? Tanto los que van a la iglesia como los que no deben lidiar con la culpa que les producen los actos de sus vidas que no les enorgullecen, o de los que están arrepentidos. La cantidad de remordimiento que existe aún entre los cristianos que creen en un Dios amoroso y misericordioso es impresionante. ¿Realmente existe Dios? ¿Realmente Jesús dijo todas esas cosas? ¿Existe el cielo? La gran fe y las grandes dudas van de la mano.

8. *Temor*: Todos le tememos a algo. Quien cruza el umbral de una iglesia el domingo tiene miedo de algo, y llega con la esperanza de que Dios le libere de ese temor. Le tememos al futuro. Tememos que el pasado venga a atormentarnos. Tenemos miedo a envejecer, miedo a jubilarnos y nos preocupa lo que haremos con todo ese tiempo, tememos que se acabe el dinero, tenemos miedo al terrorismo, miedo a terminar en un hogar de ancianos y que nuestros hijos nos olviden, y de mucho más. ¿He desperdiciado mi vida? Tenemos miedo, y sin duda esta es la razón por la cual la frase más común en la Biblia es «¡No temas!».

9. *Sueños y deseos.* Sin importar cuán jóvenes o viejos seamos, tenemos sueños para nosotros y para los que amamos. La libertad de elección es simplemente la mayor capacidad que Dios nos ha regalado, pero la capacidad de soñar está en un segundo lugar muy cercano. Tenemos la impresionante habilidad de mirar hacia el futuro y visualizar algo mejor y más grande, y luego regresar al presente para trabajar en convertir en realidad nuestro sueño. ¡Extraordinario! Es hora de desempolvar esos sueños olvidados y de desechar esas limitaciones autoimpuestas.

10. *La interrogante*: Toda persona se debate con alguna interrogante. Yo sé cuál es la mía y tú sabes cuál es la tuya. Hemos leído sobre esto y quizás hasta le hemos pedido consejo sobre el tema a alguien que respetamos. Pero lo que más ansiamos es una respuesta profundamente personal a nuestra interrogante personal más profunda. Todos y cada uno de nosotros esperamos que Dios nos dé esa profunda respuesta personal a nuestra principal incógnita.

Parece ser que estas son las diez cosas que ocupan la mente de las personas. Me encantaría escribirte un libro acerca de cada una de ellas: tantos libros que escribir y tan poca vida. Estas diez cosas son muy humanas. La gente se esfuerza porque sus vidas funcionen. Tienen poco o ningún interés en entrar en polémicas acerca de las complejidades del cristianismo. Solo intentan salir adelante y ser buenas personas.

Me resulta asombroso al leer la vida de Jesús que siempre estuvo pendiente de las preocupaciones y necesidades humanas antes de predicar. Alimentaba a la gente y luego predicaba. Sanaba y luego le hablaba a quien curaba y a la muchedumbre sobre la lección que había detrás de esa sanación. Sus parábolas consideraban los asuntos con los que las personas de ese tiempo trataban todos los días, como ovejas, monedas, los necesitados, y disputas entre vecinos.

Lo que más me llama la atención sobre estos diez puntos es que no invertimos suficiente tiempo hablándole a la gente sobre estos temas, y no atendemos estas necesidades en la medida en que deberíamos hacerlo. Resulta trágico, pues no logro recordar la última vez que alguno de estos temas fuera discutido en una forma verdaderamente práctica en el mensaje dominical de mi propia parroquia.

Todos los domingos, las personas que cruzan el umbral de la iglesia llegan buscando respuestas y cargando un peso de algún tipo. Hay una cita preciosa que ha sido atribuida a una docena de autores, pero independientemente de quien la haya escrito o dicho, contiene una gran verdad. «Sé bondadoso, porque cada persona que cruza tu camino está librando una dura batalla». ¿Qué dura batalla están librando las personas que viven bajo tu mismo techo? ¿Qué dura batalla están enfrentando las personas con quien trabajas? Todas las personas que están delante, detrás y al lado tuyo en la iglesia el domingo están llevando también una gran carga.

Por esta razón, una de las necesidades humanas más básicas es el apoyo. Todos necesitamos de apoyo. No sé cuántas veces he querido abandonar el ministerio. No puedo contarte cuántas veces he sentido que estoy malgastando mi tiempo sin lograr tener impacto alguno. Pero es entonces cuando llega alguna nota acerca de cómo este libro o aquel cambió la vida de alguien, dándome ánimos para seguir adelante.

Si el apoyo es una necesidad básica de todos y cada ser humano, así es también responsabilidad de todos y cada uno de nosotros hacer lo que esté a nuestro alcance para apoyarnos y animarnos unos a otros. El apoyo es además una de las responsabilidades primordiales de la Iglesia y de cada comunidad cristiana. No ayudas a las personas a llegar al cielo desalentándolas. Cada vez que alguien entra en alguna de nuestras iglesias debería entrar por un umbral de esperanza y salir de ese umbral cargado de esperanza y motivación.

¿Es esto lo que sucede? No. Eso es parte del problema. Existen esencialmente dos partes propiciando la crisis de identidad que enfrenta hoy día el cristianismo. Primero, como individuos tendemos a ser mala publicidad para el cristianismo, porque nos sentimos muy cómodos con nuestra mediocridad y no buscamos apasionadamente crear momentos santos. La segunda parte del problema es que nuestras iglesias no son templos de esperanza y apoyo.

Como no tenemos fama de ayudar a la gente con sus necesidades reales inmediatas, han dejado de venir a la iglesia y en muchos casos han descartado el cristianismo. No estamos buscando a las personas en donde se encuentran ni las estamos guiando adonde Dios las llama.

¿Qué porcentaje de las actividades de tu iglesia se llevan a cabo precisamente en esa misma propiedad? En la mayoría de los casos la respuesta es de más del 90 por ciento. En muchos más casos la respuesta es del 100 por ciento. Hemos construido impresionantes campus e instalaciones y eso es positivo. Pero el espíritu que acompaña estas instalaciones puede ser más bien el de un club social en lugar del de una comunidad cristiana que tiene una misión y que tiene pasión por transformar al mundo empezando justo allí en tu suburbio, ciudad o estado. ¿Qué está haciendo la comunidad de la iglesia a la que asistes para alcanzar a los que no participan de la Iglesia? Si la respuesta es poco o nada, probable participas en algo que se parece más a un club social que a una iglesia.

Si nos tomamos en serio la tarea de transformar la cultura, debemos salir y meternos en la cultura. No debemos seguir poniendo tanta energía en hacer que las personas se acerquen a nosotros, o llorando sobre la leche derramada, porque ya no asisten a la iglesia. Debemos salir a interactuar con la gente. Eso es lo que hizo Jesús. Es tiempo de salir de los glorificados guetos cristianos que hemos construido para reconectar a las personas de nuestro tiempo con una fascinante conversación sobre la vida, la muerte, la eternidad, pero primero debemos hablarles sobre las batallas que están librando.

Para lograr diferenciarnos como cristianos no debemos enfocarnos en nosotros mismos sino en ellos. Dios desea que le sirvamos a las personas de nuestro propio tiempo y lugar y desea que les sirvamos vigorosamente. ¿Cómo? La respuesta es clara: con momentos santos. Restableceremos nuestra credibilidad en la sociedad al cambiar la vida de las personas y del mundo con un momento santo a la vez.

Los momentos santos diferenciarán a los cristianos más rápidamente de lo que te imaginas, porque al cristianismo se le presenta hoy la misma oportunidad que tuvieron los primeros cristianos para lograr su aceptación durante el siglo primero. No hay punto de comparación entre lo que las auténticas comunidades cristianas tienen para ofrecer y lo que esta moderna cultura secular, distorsionada y moralmente en bancarrota tiene para ofrecer a las personas.

La clave es construir momentos santos. Los momentos santos reviven los valores cristianos, el carácter y la virtud. Estos valores y virtudes representan cómo anhelamos ser tratados como seres humanos. Al tratar a la gente con buen carácter, valores y virtud, les recordamos lo que muchos de ellos nunca habían descubierto: somos hijos de Dios, y esto conlleva que tenemos un derecho natural de ser tratados con amor, bondad y dignidad.

Este es el hecho más significativo de la historia del cristianismo: en todo momento y lugar en que ha habido hombres, mujeres y niños esforzándose por crear momentos santos, el cristianismo ha prosperado.

12

MILAGROS DE CADA DÍA

Hace mil años, un misionero visitaba una villa en una pequeña isla adentrada en el Amazonas, cuando se topó con tres viejos amigos conversando, cantando y riendo.

El misionero se acercó y les preguntó:

—¿Ustedes rezan?

—¡Claro, Padre! —contestaron.

Un poco sorprendido, el misionero indagó:

—¿Y cómo rezan?

—Sólo conocemos una plegaria —reconocieron los hombres.

—¿Y qué plegaria es esa?

Los tres hombres se miraron y agacharon la cabeza con humildad.

—Usted no lo puede saber porque no es como las plegarias que usted reza.

—No se preocupen por eso —dijo el misionero—. Tengo curiosidad acerca de esta plegaria.

Los hombres no dijeron palabra, mientras se sentaban en círculo alrededor de la fogata con sus cabezas aún inclinadas hacia el suelo.

—Vamos, hombres, díganme, quien les enseñó esta plegaria —preguntó el misionero.

Uno de los hombres susurró:

—Nosotros la inventamos.

—¿Compartirían su plegaria conmigo?

—Muy bien —dijo uno de ellos—. Cada mañana y cada tarde, antes de trabajar y comer rezamos: «Dios, eres tres; nosotros somos tres. Ten misericordia de nosotros».

—Es una bella plegaria —les dijo el visitante a los tres hombres—. Pero permítanme enseñarles una plegaria que Dios prefiere. Entonces les enseñó una antigua oración cristiana.

—¿Es esta una oración a la que Dios responde? —preguntaron los tres hombres.

—Indudablemente —confirmó el misionero.

Los tres hombres agradecieron gentilmente al visitante y le pidieron su bendición.

—Venga, Padre —le dijeron—. Venga a comer y beber con nuestras familias, esta y todas las noches mientras se encuentre en la isla. Tenemos una habitación en la que puede dormir, leer y rezar, y si necesita alguna otra cosa durante su visita, solo dígaselo al oído a cualquiera de nosotros y nos aseguraremos de cumplirlo tan pronto como sea posible.

El misionero se quedó en la isla por tres semanas, predicándole a la gente acerca de Dios y sus enseñanzas y enseñándoles a orar. Notó que los tres hombres eran muy estimados en la comunidad y que muchos se acercaban pidiéndoles consejo.

Cada vez que el misionero necesitaba algo, uno de los tres hombres aparecía con lo requerido incluso antes de que lo pidiera. Era como si supieran qué necesitaba antes de que él mismo lo supiera.

Su hospitalidad era así de real y profunda.

Tres semanas más tarde, mientras su barco zarpaba del puerto, el misionero vio a los tres hombres nuevamente, solo que esta vez para su sorpresa, caminaban sobre la superficie del agua hacia el barco.

—¡Espere, Padre, espere! —le llamó uno de ellos—. Enséñenos una vez más la plegaria que Dios prefiere. Hemos olvidado las palabras.

El misionero agachó la cabeza, no en señal de humildad, sino avergonzado. Despidiéndose de los tres hombres que caminaban sobre el agua, con un gesto de su mano se despidió y les dijo:

—No se preocupen. Su plegaria está bien.

Los tres amigos se devolvieron y regresaron a la costa. Y mientras el barco se alejaba en el horizonte, el misionero rogó a Dios su perdón por no haber sabido reconocer lo extraordinario en lo ordinario, por no haber reconocido la bella y simple santidad escondida en la gentileza, humildad, consideración, generosidad, bondad, servicio a la comunidad y hospitalidad de los tres viejos amigos.

***

¿Si pudieras realizar alguno de los milagros de Jesús, cuál escogerías? ¿Caminarías sobre el agua? Sé de muchos estudiantes de colegio que elegirían convertir el agua en vino. Sé de muchas personas que alimentarían a los hambrientos del mundo multiplicando panes y peces, y otros que sanarían a un ser amado. Los primeros discípulos de Jesús vieron como realizaba todos estos milagros, y, sin embargo, lo que más los sorprendía e impresionaba de todo era la manera en que trataba y perdonaba a sus enemigos. El perdón es un momento santo.

Jesús predijo que sus seguidores harían cosas incluso más grandes que las que Él realizó. Me pregunto qué tendría en mente. Lo que sí sé es que estamos viviendo en un mundo herido lleno de gente herida. Todos los días me encuentro con personas realmente necesitadas de un milagro, pero son otras personas en otros lugares. Por tanto, mejor empecemos contigo.

«¿Cómo estás?» La gente nos pregunta esto todo el tiempo. Es una pregunta importante y merece un poco de reflexión e introspección. El problema es que tantas personas nos hacen la pregunta y respondemos, «Bien», o con frecuencia algo parecido, y nos empezamos a creer nuestra trivial respuesta a esta importante pregunta. Entonces, ¿cómo estás en realidad? ¿Cuándo fue la última vez que realmente pensaste al respecto? ¿Estás creciendo o simplemente sobreviviendo? ¿Estás enfocado y con energía o disperso y cansado? ¿Te gusta tu vida? Si no te gusta, ¿sabes qué es lo que no te gusta? ¿Sabes realmente lo que necesitas y quieres?

Algunas veces pasamos por la vida como sonámbulos, completamente inconscientes de las extraordinarias personas, momentos y posibilidades que nos rodean. Cuando eso sucede, la vida pierde su sabor.

En esos momentos, necesitamos que un gran amigo nos toque en el hombro, nos dé un codazo o nos sacuda y nos diga: «¡Despierta!». He estado allí. Y el año pasado estuve allí de nuevo. He tenido cáncer tres veces, pero el año anterior fue el peor de mi vida. Fue el primer año de mi vida en que no fui capaz de decir: «Este año fue mejor que el anterior». Eso me estremeció. Tengo un libro muy exitoso que figura en las listas de los libros más vendidos, y que trata de cómo ir en busca de tus sueños y ayudar a otras personas a alcanzar los suyos; sin embargo, yo había dejado de soñar. Varias veces le di rienda suelta a la lástima que sentía por mi propia persona. Me puse triste, empecé a dudar de mí en prácticamente todo, me sentí traicionado y empecé a deprimirme, caí en la trampa de enfocarme excesivamente en mí mismo, me sentí desanimado y simplemente estaba un poco perdido a nivel general. No sé cómo Él escoge sus momentos, pero justo cuando más lo necesitaba sentí la mano de Dios en mi hombro, animándome a levantarme, a mirar alrededor, a ser agradecido, a enfocarme en lo fundamental y a empezar a vivir de nuevo.

La vida es para vivirla, y la mejor vida se hace en torno a las cosas ordinarias de cada día. El desdén de la cultura moderna por lo ordinario y la adoración de lo extraordinario nos ha hecho ajenos a las cosas maravillosas que tenemos ante nosotros, a nuestro alrededor y dentro de nosotros mismos en este preciso instante.

Los tres viejos de nuestra historia vivían vidas de afabilidad, humildad, consideración, generosidad, bondad, servicio y hospitalidad y andaban sin tensiones y llenos de gozo. Puedes responder por ti mismo, pero yo quiero más de lo que ellos tenían y menos de lo que tengo. Los tres viejos vivieron vidas sencillas. Hay una lección allí para mí, y tal vez también para ti. Cada vez que realizo un esfuerzo consciente por simplificar mi vida, me convierto en una mejor versión de mí mismo, respiro más profunda y fácilmente, y la vida es mejor. Pero el mundo está constantemente intentando complicarme y yo permito que suceda. No soy una víctima, mi vida es mía, para vivirla y para responder por ella.

Al hablar con otras personas, descubrí que yo no era el único que se sentía de esta forma. Entre más hablaba con la gente, más me daba cuenta de que había tantos sufriendo bajo el insoportable peso de situaciones que eran exclusivamente suyas, pero que también compartían muchos de los temas de mi propia lucha.

No me gustan los relojes despertadores. Solo el pensar en la alarma me perturba. ¿Quién desea comenzar el día alarmado? Cuando te registras en un hotel, con frecuencia te preguntan si deseas que te llamen para despertarte. Eso me gusta. Todos necesitamos una llamada para despertarnos de vez en cuando. Yo necesitaba una el año pasado. Tal vez tú necesites una justo ahora. Simplemente es muy fácil caer en el sonambulismo mientras caminamos por la vida.

Es tiempo de despertar. No importa si sientes sueño, o el porqué estás soñoliento. Es hora de despertarse. Es tiempo de reconocer los preciosos milagros que nos rodean a diario. Los tres viejos de la historia podían caminar sobre al agua, pero yo soy un hombre práctico. Prefiero compartir una gran cena con amigos que ser capaz de caminar sobre el agua. No cambiaría un abrazo de cualquiera de mis hijos por la capacidad de caminar sobre el agua. Preferiría despertar mañana y tener un día más de vida que caminar sobre el agua hoy y morir hoy mismo. El aire que respiramos, el agua que bebemos, la sonrisa de un extraño, hacer el amor, tomar una larga y relajante caminata por un lugar lleno de paz, jugar a la pelota, leer buenos libros, sentarnos con Dios y empaparnos de todo el amor y sabiduría que quiere derramar sobre nosotros...

estos son los milagros de la vida. Todos y cada uno de ellos son un milagro, al igual que muchos otros más.

¿Estás listo para experimentar los milagros de cada día en tu vida? Creo que es el momento. Este es nuestro momento —tu momento y el mío. Aprovechémoslo apasionadamente.

13

VIVE UNA VIDA FASCINANTE

Probablemente leíste la historia de los tres viejos amigos y el misionero y te preguntaste cuál era el mensaje que quería transmitirte. La belleza de las historias es que le hablan a cada persona de distintas maneras. Diez personas pueden leer la misma historia y recibir diez mensajes distintos. Esos diez mensajes son parte de la historia, pero cada quien escucha lo que necesita escuchar. Terminé la historia escribiendo: «Los tres amigos se dieron la vuelta y regresaron a la costa. Y mientras el barco se alejaba en el horizonte, el misionero rogó a Dios su perdón por no haber sabido reconocer lo extraordinario en lo ordinario, por no haber reconocido la bella y simple santidad escondida en la gentileza, humildad, consideración, generosidad, bondad, servicio a la comunidad y hospitalidad de los tres viejos amigos».

Somos a la vez el misionero y los tres viejos amigos. En cualquier historia, ganamos más cuando somos capaces de vernos en cada personaje. Debemos pedir perdón a Dios por no reconocer lo extraordinario en lo ordinario, por no reconocer la hermosa y simple santidad que hay en la gentileza, en la humildad, en la consideración, en la generosidad, en la bondad, en el servicio y en la hospitalidad. Pero eso no es suficiente y muy frecuentemente nuestra espiritualidad se detiene ahí. También debemos pedir perdón por no reconocernos en los tres hombres y en otros como ellos en nuestras vidas, por no reconocer que la santidad es posible, y por no reconocer todas las demás posibilidades del amor, de la unión y de la bondad que obviamos cada día.

¿Sientes que estás viviendo tu vida a plenitud? Planteo esta pregunta porque es imposible confundir la invitación de Jesús a «vivir la vida a plenitud» (Jn 10,10) con una vida aburrida y sin sentido. Lo sé. Probablemente no te sientas interesante. Está bien. Quizás ni siquiera pienses que te es posible vivir una vida fascinante. También está bien. La mayoría de la gente tampoco lo piensa.

La definición de fascinante es: que despierta curiosidad o interés; cautivante. Es mucho pedirte, ¿no? No. Sería mucho pedirte si tuvieras que procurártela por ti mismo. Pero no si tienes a Dios para ayudarte. Tú más Dios es igual a un sinfín de posibilidades inimaginables. Dios te invita a vivir una vida fascinante, y los Evangelios proporcionan la ruta para alcanzarla.

Nada es más fascinante que el amor y la bondad de Dios, y no hay persona que haya pisado la faz de la Tierra, más fascinante que Jesús. Los cristianos y el cristianismo se vuelven fascinantes cuando permiten que el amor y la bondad de Dios fluyan a través de sí hacia los demás. Todo esto puede parecer palabrería, pero cuando alguien realmente permite que el amor y la bondad de Dios fluyan a través de sí, es asombroso, poderoso y fascinante.

Los momentos santos son fascinantes. Cuando los cristianos hacen a un lado sus intereses personales y ponen una causa o a alguien más por encima de sus propios deseos es desconcertante para una cultura egocéntrica como la nuestra. Este desconcierto es una simple prueba de que están fascinados.

Cuando un cristiano se esfuerza por crear tantos momentos santos como sea posible, su vida se vuelve fascinante para casi todas las personas que cruzan su camino. Esta verdad y fascinación se multiplica entre más amplia sea la disparidad entre los valores, el carácter y la virtud de un cristiano comparada con los valores de la sociedad del momento. Hoy vivimos ese momento. Los valores de nuestra cultura se encuentran en el otro extremo del espectro en relación con los valores cristianos. Esta brecha crea una oportunidad.

Los momentos santos resaltan esta brecha. Muestran que los valores y la virtud —el amor, la bondad, la afabilidad y el coraje, ante el abuso y la injusticia— son el único camino hacia la felicidad duradera en un mundo siempre cambiante. Estos demuestran que hay otro camino, otra alternativa que la mayoría de la gente nunca ha contemplado; y más trágico aún, un camino que a la mayoría nunca se les ha mostrado. Cada momento santo es fascinante.

La bondad, la afabilidad y la generosidad que se dan libremente día a día son fascinantes. A medida que la sociedad se vuelve cada vez más escéptica, hastiada y convencida de que la gente solo actúa de acuerdo con sus intereses personales, más y más personas se sentirán atraídas y cautivadas por la esencia del cristianismo al ser testigos del altruismo de estos valores y virtudes. Los primeros cristianos lograron capturar el interés de la gente de su tiempo, y nosotros también podemos hacerlo.

Pero somos seres humanos, y somos expertos en encontrar excusas. Nuestra principal excusa es: «Solo soy una persona, ¿qué puedo hacer?».

¿Y si Abraham Lincoln hubiera utilizado esta excusa? ¿Qué tan diferente sería nuestro país hoy en día? Winston Churchill, Albert

Einstein, William Wilberforce, Nelson Mandela, Madre Teresa, Martin Luther King, William Shakespeare, Leonardo da Vinci, Helen Keller, Mahatma Gandhi, Florence Nightingale, Louis Pasteur, Billy Graham, Francisco de Asís, Jesse Owens, Miguel Ángel... ¿Qué pasaría si alguno de estos hombres o mujeres hubiera utilizado esta excusa?

Podrías estar pensando: «Sí, pero eran personas extraordinarias con virtudes asombrosas». Es cierto, y la mayoría de nosotros no estamos llamados a hacer cosas como las que hicieron estos hombres y mujeres. Pero aún más importantes que estas personas famosas son los millones de hombres y mujeres anónimos que se despiertan todos los días, salen al mundo y se esfuerzan por vivir con carácter e integridad, colaborando con Dios para crear un momento santo a la vez. Están transformando a sus familias, cambiando su pequeño rincón del mundo. Ellos nunca serán famosos. La mayoría de estos momentos santos pasan desapercibidos para todos excepto para Dios. Y, sin embargo, cada día estas personas se están convirtiendo en mejores padres, madres, hermanos, hermanas, hijos, hijas, amigos, colegas, vecinos y ciudadanos, y en el proceso están mejorando el mundo con valores como el carácter y la virtud.

En la realidad estas son solo palabras. En el fondo la mayoría de los cristianos en realidad no creen que pueden cambiar el mundo. A la mayoría de los cristianos de hoy no les importa que los primeros cristianos hayan cambiado el mundo. Los cristianos modernos en realidad no creen que puedan lograrlo. Consciente o inconscientemente, nos hemos convencido de que la cultura simplemente se ha vuelto demasiado poderosa. Incluso muchos cristianos modernos comprometidos no creen que juntos podamos cambiar el mundo. Entonces, esperamos. Seguimos andando, pretendiendo hacer lo mejor que podemos y esperando una masiva intervención divina en forma de la segunda venida. Esta es la lógica que usamos para no hacer nada y seguir postergando el tomar decisiones respecto a nuestro cristianismo.

Tiene sentido. La idea de que la cultura se ha vuelto tan poderosa que ni siquiera todos los cristianos del mundo podrían igualarla es la extensión natural de la mayor mentira en la historia del cristianismo. Si la santidad no es posible, entonces ciertamente no podemos cambiar el mundo. Es una genialidad diabólica. Es la forma perfecta de apagar el cristianismo, una forma segura de neutralizar a los cristianos y paralizar comunidades enteras de la Iglesia. Es absolutamente brillante. Solo el peor enemigo del cristianismo podría tener una estrategia tan silenciosa, sutil y completamente efectiva. Piensa en ello: esta única mentira ha desactivado el cristianismo moderno. Una mentira ha neutralizado a tres mil millones de personas. Es malévolamente ingeniosa.

El primer problema es que no creemos que la santidad sea posible. El segundo problema es que no creemos que podamos cambiar el mundo. Entonces, ¿qué estamos haciendo como cristianos? La triste realidad es que solo estamos fingiendo.

La hermosa verdad es que sí podemos cambiar el mundo... de nuevo. En el capítulo once, hablamos sobre cómo conseguir nuevamente un puesto en la mesa. Vayamos ahora más allá de nuestra propia transformación espiritual y hablemos de cómo los cristianos pueden cambiar el mundo de hoy.

El primer paso es creer que es posible. La principal razón por la que no creemos que sea posible es porque parece insuperable. Cuando comenzamos a pensar en ello o incluso a hablar de ello, rápidamente nos sentimos abrumados y abandonamos la misión. También vale la pena notar que la mayoría de las personas se sienten abrumadas por la cultura en su propia vida. El sentirse abrumado es uno de los rasgos más dominantes de nuestro tiempo. Es un sentimiento destructivo y muy negativo porque provoca que nos cerremos y que entremos en un estado de parálisis. Cualquiera y cualquier cosa del mal o que prefiere el mal en este planeta desean que los cristianos nos sintamos abrumados, porque cuando estamos atrapados en la negatividad de este estado mental, tendemos a no hacer nada. Cuando esto sucede, la inercia se apodera de nosotros, nos quedamos atrapados en la autocompasión y abandonamos nuestra misión.

¿Misión? Sí, misión. Resulta que como cristianos, pese a nuestros muchos desacuerdos y disputas, tenemos una misión colectiva, que se articula más claramente hacia el final del Evangelio de san Mateo y que a menudo se denomina la Gran Comisión. Jesús instruyó a los discípulos a salir y transformar el mundo haciendo discípulos de todas las naciones.

Cerca de tres mil millones de cristianos piensan que no podemos cambiar el mundo. Creo que sí podemos. Déjame demostrártelo. Lo que estoy a punto de compartir contigo no es una teoría mía. Yo no soy la fuente de esta idea; tiene sus raíces en la estrategia de Jesús para elegir doce discípulos y centrar sus esfuerzos en prepararlos. Un buen amigo y buen hombre también compartió este concepto conmigo, y ahora lo compartiré con ustedes. Se llama el principio de la multiplicación espiritual.

¿Qué es la multiplicación espiritual? Es un método que el mismo Jesús eligió como el fundamento de su ministerio, y fue la estrategia que puso en marcha para cambiar el mundo después de su muerte en la cruz, de resucitar de entre los muertos y de su ascensión al cielo.

Se basa en una idea muy simple: invierte en un pequeño grupo de personas, enseñándoles a crear momentos santos y convirtiéndolos en discípulos de Jesús, luego empoderas a cada uno de ellos a salir y hacer lo mismo por otro pequeño grupo de personas. Tú colaboras con Dios creando momentos santos, y luego colaboras nuevamente con él, enseñando a otras personas a crearlos también. Este fue también el modelo que usó Pablo para ganar, construir y enviar a un pequeño grupo de personas como Timoteo, quienes formaron un círculo de influencia y transformación cristiana en constante expansión en los primeros siglos del cristianismo.

Uno de los criterios centrales necesarios para presentar con éxito el cristianismo a alguien es no abrumarlo. De la misma manera, si queremos enviar exitosamente a los cristianos al mundo como discípulos, es importante no abrumarlos.

Ahora, si te dijera que necesito que transformes tu ciudad, probablemente te sentirías abrumado, a menos que ya conozcas el principio de la multiplicación espiritual o que fueras un iluso. Si te dijera que necesito que transformes tu vecindario, probablemente todavía te sentirías abrumado, al menos sé que yo me sentiría así. Pero si te dijera que solo necesito que colabores con Dios para desarrollar tres discípulos, tu reacción probablemente sería: «¡De acuerdo, puedo hacerlo!».

No mucho después de llegar a la conclusión de que con la ayuda de Dios podrías desarrollar tres discípulos, probablemente también pensarías: «Espera un minuto, ¿solo tres a la vez? A ese ritmo, tomará una eternidad cambiar el mundo». Comprendo que puedas pensar eso, pero echemos un vistazo.

Tu misión es preparar a tres discípulos. Enséñales cómo crear momentos santos y cómo preparar a tres personas más. Tú, más tus tres, más sus nueve, son trece.

13 x 3 = 39
39 x 3 = 117
117 x 3 = 351
351 x 3 = 1053

Seis ciclos para llegar a mil, y a partir de ahí los números comienzan a sumar muy rápidamente. El efecto combinado de la multiplicación espiritual es asombroso.

1053 x 3 = 3159
3159 x 3 = 9477
9477 x 3 = 28 431
28 431 x 3 = 85 293
85 293 x 3 = 255 879
255 879 x 3 = 767 637
767 637 x 3 = 2 302 911

Solo se requieren trece ciclos para alcanzar a dos millones de personas.

2 302 911 x 3 = 6 908 733
6 908 733 x 3 = 20 726 199

Solo lleva quince ciclos llegar a veinte millones.

20 726 199 x 3 = 62 178 597
62 178 597 x 3 = 186 535 791
186 535 791 x 3 = 559 607 373
559 607 373 x 3 = 1,7 mil millones

Solo se necesitan diecinueve ciclos para llegar a mil millones de personas.

1,7 mil millones x 3 = 5 mil millones

Hay siete mil millones de personas vivas hoy. Tomaría solo veinte ciclos llegar a todos en el planeta. El principio de multiplicación espiritual es real, alcanzable, y no es elitista. Es accesible y puede ser adoptado e implementado por ricos y pobres, por gente muy culta y gente sin mucha educación formal y por hombres y mujeres de toda edad y lugar en la sociedad. Quizás lo más importante es que se basa en la vida, el ministerio y las enseñanzas del mismo Jesús. La multiplicación espiritual es una estrategia divina. Así es como los primeros cristianos cambiaron el mundo. La gente a menudo se ha preguntado cómo un grupo tan pequeño de personas tuvo un impacto tan grande. La multiplicación espiritual es la respuesta. Solo comenzaron como un pequeño grupo de personas.

Es hora de que todos nosotros dejemos de poner excusas y nos alentemos a descubrir lo que es posible. Es tu turno y el mío. Es hora de hacer nuestra parte: renovar nuestro compromiso de caminar con Dios, crear momentos santos y comenzar a orar para que Dios nos guíe hacia las tres personas con las que quiere que hagamos apostolado.

«Solo soy una persona, ¿qué puedo hacer?». Desterremos esa excusa de nuestra mente y de nuestro corazón. Tú puedes hacer tu parte. ¿Puedes cambiar el mundo solo? No. Pero no dejes que lo que no puedes hacer interfiera con lo que puedes hacer. Haz tu parte. Estoy seguro de que hubo muchos alemanes en la época de Hitler que usaron la misma excusa. Y sabemos cómo terminó eso. Muchos alemanes se opusieron a Hitler y a los nazis, y en la mayoría de los casos pagaron con su vida. Me pregunto si otros mil o diez mil se hubieran unido a ellos, habrían cambiado el curso de la historia humana. No estoy al tanto de los números, pero sé que si suficientes personas se hubieran puesto de pie oponiéndose, el holocausto podría haberse evitado por completo o al menos en gran parte. No, no me refiero solo a los alemanes. El resto del mundo sabía de la situación antes de que se movieran las piezas.

Demasiados hombres y mujeres se hicieron de la vista gorda. «Solo soy una persona, ¿qué puedo hacer?», fue sin duda una excusa común.

Las excusas no conducen a los momentos santos, y cada momento santo cambia el curso de la historia de alguna manera.

Enfoquémonos en crear momentos santos, uno a la vez. Es cierto, solo eres uno, pero puedes colaborar con Dios para crear miles de momentos santos útiles, esperanzadores y llenos de amor que inspiren y reten a las personas a darle una mirada más al cristianismo. Eso es todo lo que necesitamos. Simplemente tenemos que atraer a la gente de hoy lo suficiente como para que le den al cristianismo otra oportunidad.

Cambiemos el enfoque del proyecto de tu felicidad a crear momentos santos y enseñar a otras personas a hacer lo mismo. Así es como serás más feliz de lo que nunca has sido. Así es como vivirás una vida fascinante. Comprométete a crear momentos santos. Transforma cada momento de tu día en un momento santo. Son las cosas ordinarias que a Dios le encanta elevar a experiencias extraordinarias.

Todos buscamos vivir experiencias sublimes. Dios quiere que nuestras vidas estén llenas de ellas. Al comer, Él desea que disfrutemos de cada sabor en la comida. Al beber agua limpia, fresca y fría de un vaso alto, Él desea que estemos conscientes de que es un milagro inimaginable para un tercio de la población mundial. Cuando tu hija o nieta de cinco años corre aceleradamente hacia ti para darte un abrazo de oso y un beso, Dios desea que estés completamente presente en ese momento. Cuando das un largo paseo por un lugar lleno de paz, nadas en el mar, haces el amor o muerdes una crujiente manzana, Dios quiere que tengas una experiencia dotada de una grandeza especial. Él nos da estas sublimes experiencias, atrayéndonos por completo a ellas y llenándonos de una consciencia sobrenatural de cuán asombrosos son realmente estos aspectos ordinarios de la vida. Nuestro afán por crear momentos santos nos lleva a la comunión con Dios en el momento presente, creando una explosión de consciencia y profunda alegría.

Es hora de que tú y yo empecemos a vivir vidas fascinantes. Nuestras vidas pueden ser fascinantes en formas realmente ordinarias. No necesitamos de cosas excepcionales o eventos que hagan noticia. Si quieres fascinar a la gente, ofréceles una amistad auténtica. Interésate verdaderamente en la vida de un pequeño grupo de personas. Muéstrales que son importantes para ti. Escúchalos profundamente. La mayoría de la gente no tiene a alguien en su vida que realmente le escuche. Sé esa persona para ellos. La amistad auténtica siempre ha sido la clave para compartir la genialidad y la alegría del cristianismo con los demás.

Los momentos santos son atractivos. Los momentos santos son fascinantes. Los momentos santos son contagiosos.

14

NUESTRO MÍSERO SECRETITO

Nuestro mísero secretito es que en realidad no queremos que nuestras vidas sean transformadas. A veces nos parece que Jesús quiere volver nuestra vida al revés, y después nos damos cuenta de que en realidad la había vuelto al derecho. Sin embargo, estamos cómodos con quiénes somos y dónde estamos, y no queremos que Dios se meta en nuestras cosas, moviendo todas las piezas a nuestro alrededor, mirando en cada rincón oscuro y pobre de nuestro corazón y de nuestra alma. No me malinterpretes: queremos ser cristianos y que nos consideren cristianos buenos o comprometidos (lo que sea que eso signifique), pero no nos interesa y ciertamente no estamos profundamente comprometidos a colaborar con Dios para transformarnos completamente en la mejor versión de nosotros mismos.

No sorprende que este mísero secretito no resulte ser tan pequeño después de todo, pues por supuesto es otra extensión de la mayor mentira en la historia del cristianismo. Esa mentira y todas las extensiones que son consecuencia natural de ella nos llevan a un lugar: a una enorme media mediocre. Nos hemos sentido cómodos con nuestra mediocridad. Nuestras vidas se han vuelto mediocres. Nuestras comunidades cristianas se han vuelto mediocres. Y es por eso que la gente no se siente cautivada.

El mundo quiere que te vuelvas pesado, tonto y perezoso. No está interesado en ayudarte a que te conviertas en la mejor versión de ti mismo. Si bien es posible que Jesús no mencionara la enorme media mediocre, sí habló claramente sobre la sal que pierde su sabor y nuestro llamado a ser la luz del mundo, y el libro del Apocalipsis habla de ser vomitado de la boca de Dios por no ser ni caliente ni frío, sino tibio, como lo es la mediocridad. Tristemente, una vez que aceptamos la mentira de que la santidad no es posible, no hay otro lugar adonde ir. La aceptación de la mentira siempre conduce a la mediocridad. Esta es solo una de las razones por las cuales Jesús nos anima a tomar el camino estrecho y entrar por la puerta angosta. «Estrecho es el camino y angosta la puerta que conduce a la vida» (Mt 7,14).

Nuestro mísero secretito es: no queremos que nuestras vidas sean transformadas. Por tanto, nuestros esfuerzos por mejorar el mundo se ven frustrados porque hemos abandonado nuestro propio centro de influencia que está al rojo vivo. Tú tienes la mayor influencia sobre ti mismo. Si abandonas este centro de influencia, el impacto que tengas en todo lo demás será limitado.

Tampoco queremos realmente que nuestras comunidades eclesiales de nuestra localidad se transformen. Nos hemos conformado y nos sentimos cómodos aquí también. Nos gustaría cambiar algunas cosas aquí y allá, pero estos cambios nacen de nuestras propias preferencias egoístas, no de un deseo apasionado de cambiar el mundo.

No me malinterpretes; también queremos hacer algunos cambios personales. Lo llamo retoques. No estamos interesados en una transformación, pero sí queremos algunos retoques. Así es, queremos que Dios modifique algunas cosas en nuestra vida y en nuestra comunidad, entonces oramos por los retoques.

Evitar la transformación tiene un impacto muy real en nuestra espiritualidad. Cuando abandonamos la transformación que implica la vida cristiana, ponemos nuestro foco en retocar; nuestra espiritualidad se vuelve mediocre y muy egocéntrica. Entonces comenzamos a orar por retoques: Dios mío, por favor varía esto... y por favor modifica eso de esta otra forma... y cambia esto de mi cónyuge... y cambia a mi cónyuge nuevamente porque no bastó con la primera vez... y mis hijos necesitan un retoque... y cambia este aspecto de mi jefe... y haz que mis colegas de trabajo cambien en esto... y cambia al entrenador de fútbol de mi hijo.... y cambia al maestro de escuela de mi hija... y cambia a nuestro pastor... y cambia a los políticos...

Oramos por retoques. Sospecho que hoy en día el 90 por ciento de las oraciones en este país son oraciones de retoques. Este deseo de retocar es selectivo y egoísta, mientras que la transformación es total y desinteresada. Oramos por retoques, y luego tenemos el atrevimiento de preguntarnos por qué o incluso quejarnos de que Dios no responde nuestras oraciones. ¿Por qué no contesta nuestras oraciones? La razón es muy simple y clara: Dios no está en el negocio de retocar. Dios está en el negocio de la transformación. Y

Él está abierto para hacer negocios las veinticuatro horas del día. Cada vez que estés listo, estará listo y disponible. De hecho, Él ha estado esperando. Es hora de comenzar con las oraciones que Dios quiere responder, pero primero, exploremos una pregunta.

Si los cristianos creen que la Biblia es la palabra inspirada por Dios, ¿por qué no pasan más tiempo leyéndola y estudiándola? De vez en cuando, tanto cristianos como no cristianos debaten esta cuestión, y en su mayor parte, llegan a las mismas conclusiones: no saben por dónde empezar; se sienten intimidados por los diversos tipos de literatura; tienen miedo de malinterpretar el mensaje; y por supuesto, el famoso comodín, la gente está demasiado ocupada.

Otra razón por la que no leemos la Biblia es la misma por la que pocas personas tienen relaciones realmente dinámicas en la socie- dad actual: nos hemos convertido en una sociedad cada vez más impaciente. La Biblia no es como otros libros. Requiere paciencia. Leer la Biblia es como conocer a una persona fascinante: toma tiempo conocerla. Cuanto más impacientes nos hemos vuelto como sociedad, más han sufrido nuestras relaciones. La paciencia es el núcleo de cualquier gran relación, porque requiere paciencia escuchar y comprender realmente el corazón de otra persona. La Biblia nos ayuda a conocer el corazón de Dios y el corazón del hombre. Eso requiere tiempo y paciencia. No es un libro de au- toayuda, en el que cada línea está llena de clichés y directivas paso a paso. Se trata de comprender el corazón de Dios y de compren- der nuestro propio corazón.

Aun así, no creo que ninguna de estas sea la razón principal por la que no pasamos más tiempo leyendo la Biblia. Claro, todas ellas juegan un papel. De una manera profundamente inconsciente, la principal explicación de por qué no leemos la Biblia más es dia- bólicamente profunda: sabemos y creemos que la Palabra de Dios tiene el poder de transformar nuestras vidas. Está bien. No has leído mal. No es que no creamos; es que sí creemos. Sabemos que la Palabra de Dios tiene el poder de transformar nuestras vidas, y la incómoda verdad no expresada y a menudo evitada es que no queremos que nuestras vidas sean transformadas. Sé honesto. ¿Quieres que Dios revise por completo tu vida y te transforme completamente?

La transformación puede parecer atractiva en una ráfaga de exuberante idealismo por lo santo o en un momento de crisis, pero la realidad cotidiana es que nos gusta distanciarnos del trabajo interno requerido para producir tal transformación.

***

¿Te has preguntado alguna vez qué busca Dios en un currículum? Lo que quiero decir es que cuando Dios busca a alguien para enviar a una gran misión, ¿qué cualidades crees que busca en esa persona? Estoy seguro de que cada uno propondría una lista de cualidades y tendríamos una larga discusión sobre cuáles son las más importantes. Pero si comparas tu lista con los tipos de personas que Dios ha usado para hacer cosas increíbles a lo largo de la historia, probablemente no pasarías la prueba. Dios nos desconcierta con sus elecciones. La lista de personas que ha elegido para una gran misión no es consistente con ningún tipo de lógica humana. Casi nunca elige a las personas que tú y yo elegiríamos. Cuanto más profundizas en ello, más fascinante se vuelve. Casi nunca elige personas en puestos de autoridad, riqueza o poder, y casi nunca elige a los mejor educados o a los más calificados. ¿Qué criterios usa? Solo uno: Dios usa a aquellos que se ponen a su disposición.

Todo lo que Él pide es que estés disponible. Como el milagro de los panes y los peces, traemos lo poco que tenemos y Dios hace el resto. La disponibilidad es lo que Dios busca en el currículum de nuestros corazones. ¿Qué tan disponible estás para Dios en este momento de tu vida? Piénsalo. Haz una pausa. Es imposible de medir, pero debes tener una idea. ¿Tienes el 20 por ciento, el 50 por ciento, el 80 por ciento, el 96.4 por ciento disponible para Él?

¿Qué te frena de estar 100 por ciento disponible para Dios? ¿Qué te llevaría a estar 100 por ciento disponible? ¿Qué tienes miedo de perder o dejar pasar si lo haces? ¿A qué cosas no estás dispuesto a renunciar por Dios? ¿Cuál es el peligro de estar 100 por ciento disponible para Él? ¿Cuál es la desventaja de intentarlo y ver qué pasa?

Todos estamos un poco locos, supongo. ¿Quién puede resistirse a Dios? ¿Qué estás tratando de preservar? ¿Realmente vale la pena? Se requiere un particular tipo de osadía, egoísmo o enfermedad mental para resistirse a Dios. Resistirse a Él es resistir a nuestro más auténtico ser. Resistirse a Dios es resistirse a ser feliz. ¿Ves la locura de todo esto?

Juntos podemos cambiar el mundo, vivir vidas fascinantes y aprovechar esta encrucijada cultural en la historia del cristianismo, si simplemente nos hacemos disponibles a Dios en un 100 por ciento. ¿Podemos invocar la disposición de rendirnos completamente a Dios? Si nunca lo has probado, recomiendo que lo hagas encarecidamente.

Dios tiene en mente una grandiosa, impresionante y maravillosa transformación para ti. Por tanto, si sientes el Espíritu dentro de ti, animándote a abrazar esta oportunidad con la profunda sabiduría de que este es uno de esos momentos de tu vida que demarcan un antes y un después, y al cual te referirás cuando mires atrás en los años venideros, entonces te animo a rezar una oración de transformación. Uno de los hechos más asombrosos y en realidad trágicos, sobre el cristianismo moderno, es que la gran mayoría de nosotros nunca ha rezado una oración de transformación.

Si quieres ver milagros, reza una oración de transformación. Si deseas ver milagros en tu propia vida, reza una oración de transformación. Esta es una que he estado compartiendo con la gente y que he venido usando durante años:

Señor,

Aquí estoy.

Confío en que tienes un plan increíble para mí.

Transfórmame. Transforma mi vida.

Todo está sobre la mesa.

Toma lo que quieras tomar y dame lo que me quieras dar.

Hoy estoy 100 por ciento disponible para ti.

Transfórmame en la persona que me creaste para ser, para que pueda vivir la vida que imaginaste para mí al principio de los tiempos.

No retengo nada.

Estoy 100 por ciento disponible.

Guíame, desafíame, anímame y abre mis ojos a todas tus posibilidades.

Muéstrame qué es lo que quieres que haga, y lo haré.

Amén.

Si quieres ver milagros, reza esta oración. Si deseas ver y experimentar milagros en tu propia vida, reza de corazón una oración de transformación. Esta es una oración que Dios responderá. De hecho, Él siempre responde esta oración. Ni una sola vez en la historia del mundo Dios dejó de responder una oración sincera de transformación. Necesitamos comenzar a orar de forma tal que Dios pueda responder fácilmente, rezar oraciones que Él quiera responder. Cuando queremos lo que Dios quiere, le resulta fácil responder nuestras oraciones. Pero con demasiada frecuencia utilizamos la oración en un intento vano e inútil de imponer nuestra voluntad sobre Dios.

Entonces, ¿qué vas a hacer, pedir más retoques, o estás listo para la transformación? ¿Qué será lo más difícil? ¿Permitir que Dios transforme tu vida y a ti?

La mariposa emerge del capullo; es una hermosa transformación. A veces la destrucción antecede a la transformación. Jesús implica nueva vida. Él ama la transformación. Pídele mantener vivo el deseo de transformación en tu corazón.

Si secretamente no queremos que Dios transforme nuestra vida y a nosotros mismos, probablemente no nos apasione invitarlo a transformar nuestra iglesia y nuestra comunidad. Lo que es cierto a nivel individual aplica al todo.

La mentira más grande en la historia es la que nos dice: la santidad no es posible para mí. La extensión a nivel comunal de esta mentira es: la cultura se ha vuelto tan poderosa que el cristianismo ya no puede cambiar el mundo. Realmente la razón por la cual no nos apasiona cambiar el mundo en nuestro propio tiempo y lugar es porque hemos aceptado estas mentiras y nos escondemos detrás de nuestros pobres secretitos. Pretendemos. Nos escondemos, esperando que nadie descubra nuestros secretos y mentiras.

Entonces, antes de irte a la cama esta noche, quiero desafiarte a hacer dos cosas. Primero, reflexiona durante unos minutos sobre estas preguntas: ¿cuán disponible he estado para Dios en los últimos tres o cuatro años? ¿Alguna vez me he puesto al 100 por ciento disponible para Dios? ¿Qué pasaría si lo hiciera? Quiero que te arrodilles junto a tu cama y reces una oración de transformación. No debemos volvernos tan orgullosos que no podamos arrodillarnos por la noche, junto a nuestra cama y conectarnos con Dios.

Déjame advertirte. Si oras con fervor esta oración, será mejor que te prepares, ¡porque algo maravilloso va a suceder!

15

¡HA LLEGADO TU HORA!

Hacia el final de cada año me gusta reflexionar sobre el año que está por concluir y el que tenemos por delante. Muchos de mis amigos han estado haciendo lo mismo, entonces circulamos algunas preguntas que nos invitan a la reflexión. Pensé que algunas de estas interrogantes podrían servirnos para considerar nuevas oportunidades al empezar juntos una nueva etapa de nuestro camino. Estas son algunas de las preguntas que mis amigos y yo planteamos hacia al final del año pasado.

- ¿Qué tuvo este año de asombroso?
- ¿Cuál persona en tu vida te suscita mayor agradecimiento?
- ¿De qué logros te sientes más orgulloso este año pasado?
- ¿Cuál fue la decisión que tomaste que ha tenido el mayor impacto en tu vida?
- ¿En qué área de tu vida te sientes con menos capacidades?
- ¿Qué emociones podrían describir este año pasado?

- ¿Qué puedes hacer el año entrante para volverte más como un niño?
- ¿Qué te trae gozo?
- ¿A quién ayudaste este año?
- ¿De qué sueño te has dado por vencido?
- ¿Qué te gustaría tener en mayor cantidad este año?
- ¿Te gusta la dirección que está tomando tu vida?
- ¿Qué necesita estar en tu lista de COSAS QUE NO DEBO HACER este año?
- ¿Estás dispuesto este año a mirar tu lado oscuro con mayor frecuencia que nunca?
- ¿Te has dado por vencido en algún aspecto de tu ser?
- Si murieras mañana, ¿cómo te gustaría que te recordara la gente que te conoce y te ama?
- Si pudieras lograr una sola cosa en los próximos doce meses, ¿qué te gustaría que fuera?
- Y este año, ¿qué te haría más feliz de lo que has sido en cualquier otro momento de tu vida?
- ¿Qué tan serio es tu compromiso de hacer que estas cosas sucedan?

La vida está llena de posibilidades. Las sientes palpitando dentro de ti. Cuando te encuentras más despierto y alerta, sientes la energía de tus propias posibilidades en lo profundo de tu ser. ¿Por cuánto tiempo más vas a ignorarlas?

***

La verdad es bella, y la verdad de la naturaleza igualmente lo es. La verdad de tu existencia es bella, aun cuando en ocasiones te sientes tremendamente deficiente y quebrantado. La verdad es algo que debe buscarse y celebrarse; es algo que debemos abrazar, otorgándole el trono en nuestras vidas.

La mentira es abominable. Todos tenemos las nuestras, pero no son lo que somos, y con la gracia de Dios podemos abandonarlas hoy. Las mentiras engendran más mentiras, llenando en todo momento nuestro corazón, nuestra mente y nuestra alma de confusión. La verdad, por el contrario, brinda claridad.

Dios tiene un sueño asombroso para ti: quiere que llegues a ser la mejor versión de ti mismo, pero Él es un padre paciente que comprende la belleza y las dificultades de tu condición humana; por tanto, desea que hagas tuyo ese sueño y lo vivas cada día con mayor intensidad, transformándote paso a paso en una mejor persona, es decir, en una mejor versión de ti mismo.

Una vida humana que florece deleita a Dios. Él está interesado en la totalidad de la persona, a nivel físico, emocional, intelectual y espiritual. A Dios le fascina ver a sus hijos dar fruto en cada una de estas facetas. Y tú, ¿estás floreciendo? ¿Te estás desarrollando o simplemente sobreviviendo? La bella verdad es que no importa cuál sea tu respuesta ante estas preguntas, ya que el cambio está en tus manos y puedes hacerlo momento a momento, empezando en este mismo instante.

La sabiduría de este mundo dice que la forma en que te has desempeñado en el pasado es el mejor indicador de tus resultados a futuro. Usualmente es cierto. La excepción es cuando Dios se involucra, así que permítele entonces involucrarse en tu vida. Continúa invitándolo a tu existencia como lo hiciste en la oración de transformación.

Las personas quieren desarrollarse y florecer. Sé que yo lo deseo. Con gran frecuencia fallo miserablemente en el intento, pero sé que es un anhelo muy profundo que no me abandonará. Me moriré antes de que ese anhelo muera. A medida que pasa el tiempo, veo ciertos patrones que emergen en mi vida, en mi historia, en mis relaciones y en la vida de otras personas. Cometo una estupidez y me digo a mí mismo: «He estado haciendo la misma estupidez por veinte años». Los patrones son maestros que tienen un fuerte impacto.

Hace muchos años escribí: «La gente no hace nada hasta que se siente inspirada, pero una vez que ha sido inspirada, prácticamente no hay nada que no hará». Lo creía entonces y lo creo ahora. Lo he visto una y otra vez. La inspiración libera nuestras posibilidades más altas, llenándonos de coraje para vivir la vida a plenitud.

Hay muchas maneras de inspirarse. La música es inspiradora. La naturaleza inspira. Un gran discurso inspira. El nacimiento de un niño inspira. Una vida bien vivida sirve de inspiración. Los padres que trabajan duro para mantener a su familia me inspiran. Las líneas de la sonrisa en el rostro de una anciana son bellas e inspiradoras. El viajar a diferentes lugares y conocer gente diversa es inspirador. Las películas me inspiran. Los libros me inspiran. Hay tantas fuentes de inspiración, y en lo que a mí respecta, he notado que a través de los años, necesito algo de inspiración cada día.

Estamos hablando de patrones, y uno de los patrones que ha tenido un gran impacto en mi vida es la inspiración. Todas las formas de inspiración que he mencionado poseen una fuerza especial, pero sin duda la fuente más poderosa de inspiración a lo largo de mi vida adulta ha sido la voz de Dios. El preámbulo que con mayor frecuencia encontramos en la Biblia es «Dios dijo...» (o alguna variante). Dios le habló a Adán, Noé, Moisés, Abraham, Josué, Jeremías, Samuel, David, Natán, Débora, Agar, Miriam, Jonás, Ezequiel, Isaías, Oseas, María, y Pablo; y aunque es sumamente fácil pasarlo por alto, Dios le habló a cada una de las personas a las que Jesús le habló mientras anduvo en esta tierra. Hemos leído acerca de muchos de estos encuentros en los Evangelios. Un Dios que se dirige a nosotros y nos habla de forma personal es una bella verdad, profundamente arraigada, de nuestra fe.

¿Y Dios nos habla aun hoy? Efectivamente. Dios se deleita

relacionándose con sus hijos. No es que Dios haya dejado de hablarnos, sino que nosotros hemos dejado de escuchar. Si estuviéramos dispuestos a apartarnos del incesante trajinar y de todo el ruido y la locura del mundo y diéramos un paso para entrar en la clase del silencio, Dios nos hablaría en ese mismo lugar y momento. Si entramos a la clase del silencio por tan solo unos minutos cada día, haciéndonos disponibles a Dios, Él nos guiará, nos alentará y nos revelará el camino. Y entre más accesibles nos hacemos a Él, más claramente escuchamos su voz.

Es importantísimo que aprendamos a reconocer los patrones de nuestra propia vida. Lo que me he dado cuenta a lo largo de los años es que cuando escucho la voz de Dios en mi vida y trato de caminar en sus sendas, me encuentro enfocado, inspirado y lleno de energía. Por el contrario, ha habido muchos momentos en que he ignorado su voz en mi vida. He llegado a muchas encrucijadas en que claramente reconocía el camino a tomar, pero escogí otro. En ocasiones lo hice por placer y otras veces porque simplemente parecía un camino más llano. Esas alternativas nunca me proporcionaron ningún tipo de felicidad duradera, y casi todas complicaron mi existencia, dejando mi corazón turbado y confuso.

Este patrón ha llegado a ser algo tan impactante en mi vida que he llegado a la conclusión de que constituye un muy buen indicador. Lo que quiero decir es que cuando no logro enfocarme, o carezco de inspiración y energía por un período prolongado, es usualmente una indicación bastante confiable de que he dejado de escuchar la voz de Dios.

Es en la clase del silencio que Dios ilumina nuestro corazón y nuestra mente para que podamos ver claramente y podamos contestar con pasión aquellas cuatro preguntas: ¿Quién soy? ¿Para qué estoy aquí? ¿Qué es lo más importante? Y, ¿qué es lo que importa menos? No es sino hasta que tenemos respuestas a estas interrogantes y claridad que Dios nos envía al mundo a vivir con pasión y propósito.

Entonces ha llegado la hora de dejar de poner excusas. Tenemos tantas excusas, pero creo que en el ocaso de nuestra vida todas esas excusas quedan apiladas en dos cubetas no más: la cubeta del demasiado joven y la cubeta del demasiado viejo. La mayoría de la gente tiene solo dos pretextos. Pasan la primera mitad de su vida diciéndose a sí mismos, «Soy demasiado joven para esas cosas», y la segunda mitad de su vida diciéndose, «Soy demasiado viejo para eso». Y la vida se va en un abrir y cerrar de ojos. No permitas por tanto que esas sean tus excusas. Tengas la edad que tengas, estoy absolutamente convencido de que este es el momento apropiado. ¡Ha llegado *nuestra* hora!

Mozart tenía ocho años cuando escribió su primera sinfonía.

Charles Dickens tenía doce cuando se vio obligado a dejar la escuela para irse a trabajar a una fábrica etiquetando betún para calzado, pues a su padre lo habían encarcelado por no responder a sus deudas.

Ana Frank tenía trece años cuando comenzó a escribir su diario.

Ralph Waldo Emerson se inscribió en Harvard a la edad de tan solo catorce años.

Paul McCartney tenía quince cuando John Lennon lo invitó a formar parte de una banda.

Juana de Arco condujo al ejército francés a la victoria a la edad de dieciocho años.

Bill Gates fue cofundador de *Microsoft* a la edad de diecinueve años.

Platón tenía veinte cuando se hizo estudiante de Sócrates.

Dietrich Bonhoeffer tenía treinta y nueve años cuando estalló la Segunda Guerra Mundial. En ese momento era catedrático en los Estados Unidos, pero decidió regresar a Alemania a liderar a sus hermanos cristianos en contra de Hitler y de los nazis. Seis años más tarde fue ejecutado en el campo de concentración de Flossen-bürg, justo dos semanas antes de que los soldados estadouniden-ses liberaran dicho campo.

Joe DiMaggio tenía veintiséis años cuando llegó a cincuenta y seis juegos seguidos dando de *hit*.

Coco Chanel tenía veintisiete años cuando abrió su primera tienda exhibiendo ropa deportiva femenina.

Henry David Thoreau tenía veintisiete años cuando se mudó a orillas del lago Walden, construyó una casita y plantó un jardín para pasar dos años viviendo una vida de gran simpleza.

Ralph Lauren tenía veintinueve años cuando creó *Polo*.

William Shakespeare tenía treinta y un años cuando escribió *Romeo y Julieta*.

Thomas Jefferson tenía treinta y nueve años cuando colaboró a escribir la Declaración de Independencia.

Roger Federer tenía treinta y seis años cuando ganó el *Abierto de Australia* —su duodécimo título en torneos del Grand Slam.

Madre Teresa tenía cuarenta años cuando fundó las Misioneras de la Caridad.

C. S. Lewis escribió *Mero Cristianismo* a sus cuarenta y cinco años.

Jack Nicklaus tenía cuarenta y seis años cuando completó la úl-tima ronda en tan solo 65 golpes, tirando 30 de ellos en los nueve segundos hoyos y ganando así el *Masters de Augusta*.

Henry Ford tenía cincuenta años cuando inició su primera línea de ensamblaje.

Ray Kroc era un vendedor de máquinas de batidos cuando a los cincuenta y dos años compró *Mac and Dick McDonald* y empezó oficialmente *McDonald's*.

Pablo Picasso tenía cincuenta y cinco años cuando pintó la

Guernica y comenzó una nueva era en las artes.

Dom Pérignon tenía sesenta años cuando produjo su primera champaña.

Oscar Hammerstein II tenía sesenta y cuatro años cuando escribió la letra para el musical *The Sound of Music* (La novicia rebelde).

Winston Churchill tenía sesenta y cinco años cuando llegó a ser primer ministro del Reino Unido y le declaró la guerra a Alemania.

Nelson Mandela tenía sesenta y un años cuando fue liberado de veinte años de encarcelación en una prisión sudafricana. Cuatro años más tarde fue electo presidente de Sudáfrica.

Miguel Ángel tenía setenta y dos años cuando diseñó la cúpula de la Basílica de San Pedro en Roma.

Peter Roget tenía setenta y tres años cuando, tras ser obligado a jubilarse, publicó su primer *thesaurus*, que llegó a ser, como diccionario de sinónimos, una de las referencias más utilizadas de todos los tiempos.

Anna Mary Moses, más conocida como «Abuela Moses», pintó su primera obra a la edad de setenta y seis años.

Auguste Rodin tenía setenta y seis años cuando contrajo matrimonio con Rose Beuret, a quien había conocido a sus veintitrés años y había amado toda su vida.

John Glenn tenía setenta y siete años cuando viajó al espacio.

Benjamín Franklin tenía setenta y nueve años cuando inventó las gafas bifocales.

Frank Lloyd Wright completó el trabajo en el museo Guggenheim a sus noventa y un años.

Dimitrion Yordanidis tenía noventa y ocho años cuando corrió un maratón en Atenas, Grecia.

Ichijirou Araya subió el monte Fuji a la edad de cien años.

***

¿Por qué te hablo de estas personas? Muchos de ellos no son ejemplos de excelencia cristiana y algunos de ellos ni siquiera practicaron el cristianismo. Entonces, ¿por qué los menciono en este momento cuando nuestra travesía está por llegar a su fin? Para que recordemos que como seres humanos —tú y yo— somos capaces de cosas increíbles. Pero con mucha frecuencia ni siquiera raspamos la superficie de nuestras capacidades. Muy frecuentemente quedamos atrapados en el ajetreo y en el bullicio de la vida, caemos en el aturdimiento y andamos de sonámbulos por el resto de nuestra vida. O pensamos que no somos lo suficientemente especiales ni somos capaces de grandes cosas.

Pero estamos equivocados. Somos capaces de cosas maravillosas. Cada momento santo es algo maravilloso que te equipa cada vez más para seguir colaborando con Dios para crear otros momentos santos. Y resulta que los momentos santos son precisamente lo que, en esta coyuntura de nuestra historia, la gente, la sociedad y el mundo entero necesitan.

No importa si tienes dieciséis o ciento dieciséis años, eso no tiene relevancia. Hazte cien por ciento disponible a Dios y Él encontrará una forma de trabajar poderosamente a través tuyo. ¡Ha llegado tu hora!

Entonces camina y comienza a crear momentos santos —uno a la vez, tantos como puedas cada día— y juntos, llevemos esperanza a la gente de nuestro tiempo. ¿Cómo luciría una sociedad en la que más y más gente estuviera enfocada en crear momentos santos? La gente de hoy día tiene hambre de esperanza; no podemos sobrevivir sin este bello regalo. Cada momento santo le da a alguien, en algún lugar, un regalo de esperanza.

Este mundo debería ser distinto porque tú estuviste aquí. Como seres humanos tenemos el deber común de dejar el mundo mejor de cómo lo encontramos. Esta es la esencia de ser un buen administrador. No necesitas ser Martin Luther King, Madre Teresa, o Leonardo da Vinci para dejar tu huella en el mundo. Como aquellos tres viejos, puedes dejar tu huella momento a momento, mientras llevas a cabo tus tareas ordinarias en tu vida diaria con gentileza, humildad, consideración, generosidad, bondad, servicio, hospitalidad, desapego y gozo.

Algo maravilloso está a punto de ocurrir, cada momento santo provoca una reacción en cadena de otros momentos santos, y cada momento santo engendra esperanza e inspiración.

Las mentiras producen desesperanza, entonces no debería sorprendernos que en esta cultura de engaños tantos carezcan de esperanza. La mentira de que la santidad no es posible crea desesperanza en el grupo de gente que nunca debería perderla: los cristianos.

Pero la verdad engendra esperanza. Y la verdad es que la santidad es posible para ti, para mí, para tu vecino, un solo momento santo a la vez. Podemos colaborar con Dios creando momentos santos, hoy y ahora. Esa es la maravilla de la gracia en acción.

Que no se ponga el sol sin que hoy le hayas dado al mundo un momento santo. La santidad es posible. Esta es la verdad que traerá esperanza en tu tiempo de desesperanza. Esta es la verdad que unirá a los cristianos a colaborar el uno con el otro y con Dios para transformar el mundo... nuevamente. Esta es la verdad que hará de todos los cristianos gente de posibilidades. Si permites que esta verdad permee tus pensamientos, palabras y acciones, llegarás a ser más feliz de lo que alguna vez has sido en tu vida. Lo diré de nuevo: ¡Algo maravilloso está a punto de ocurrir!

ACERCA DEL AUTOR

Matthew Kelly ha dedicado su vida a ayudar a las personas y a las organizaciones a llegar a ser la mejor versión de sí mismas. Nacido en Sídney, Australia, comenzó su trayectoria como conferencista y escritor cuando aún era adolescente y cursaba su carrera universitaria en negocios. Desde entonces, millones de personas han asistido a sus presentaciones en más de cincuenta países.

Hoy día Kelly es un conferencista, autor y consultor de negocios de reconocido prestigio a nivel internacional. Sus libros han sido publicados en más de veinticinco idiomas y han figurado en las listas de los libros más vendidos del *New York Times*, *Wall Street Journal* y *USA Today*, con más de treinta millones de ejemplares vendidos.

Kelly es fundador y propietario de Floyd Consulting, una firma de consultoría corporativa que se especializa en potenciar el compromiso de los empleados. Floyd le brinda servicios de consultoría, capacitación y asesoramiento a empresas de todo tamaño, así como expositores destacados para eventos.

Entre sus intereses personales están el golf, la música en vivo, la literatura, la espiritualidad, inversiones, viajar, y pasar tiempo con su familia y amigos.